Wirksam & stressfrei kommunizieren
ISBN 3-931495-01-9

Umschlag-Gestaltung, Layout und Satz:
Torben Andresen; DTP Büro der FOCUS MARKETING und mehr GmbH

Illustrationen:
Kim Schmidt; nach Zeichnungen von Wolfgang J. Linker

Druck und Bindearbeiten:
Druckhaus J. B. Meyer GmbH & Co. KG • 24943 Flensburg
printed in the EU

FOCUS MARKETING und mehr GmbH
Norderstraße 4
D - 24939 Flensburg
Tel.: +49 - (0)461 - 14 14 80
Fax: +49 - (0)461 - 14 14 8 14
e-mail: focus-flensburg@t-online.de

WOLFGANG J. LINKER

WIRKSAM & STRESSFREI KOMMUNIZIEREN

*Effiziente Verhaltensmuster
zum nachhaltigen Verändern von Lernatmosphäre und Lernkultur.*

*Ein Trainingsset nicht nur für Lehrerinnen und Lehrer mit den
31 ENVoY-Mustern von Michael Grinder.*

A. Vorwort

Im Gegensatz zu anderen internationalen Experten auf dem breiten Gebiet menschlicher Kommunikation erlebte ich Michael Grinder zunächst persönlich und dann erst in seinen Büchern. Das lag vor allem daran, dass sich seine beiden Bücher ausschließlich mit Lehrkräften[1] bzw. Klassenzimmer-Kommunikation befassen - etwas, das mich damals nur am Rande interessierte. Hätte er nicht im November 1995 in Rendsburg vor meiner Haustür ein dreitägiges Seminar zum Thema „nonverbales Klassenzimmer-Management“ zu einem wahren Spottpreis veranstaltet[2], wären wahrscheinlich noch viele Jahre ins Land gegangen, ehe ich die Ergebnisse seiner jahrelangen akribischen Forschungen und deren grundsätzliche Bedeutung erfahren und erkannt hätte. Da ich mich jedoch seit einiger Zeit mit ähnlichen Fragen befasste, rannte er bei mir - wie es so schön heißt - in diesen drei Tagen „offene Türen“ ein.

Michael Grinder interessiert - in diesem Fall darf man wirklich sagen - brennend das permanente und vor allem konkrete Beantworten der Frage: Was wirkt wirklich in der Kommunikation? Diese Frage hatte auch mich zunehmend beschäftigt, allerdings aus einem anderen Blickpunkt: Während Michael Grinder Kommunikation aus der „Froschperspektive“ untersucht, lag und liegt mein Schwerpunkt auf der „Vogelperspektive“. Er ist eher an den konkreten Verhaltensweisen interessiert (die Gegenstand dieses Trainingssets sind), mich interessieren eher die dahinter stehenden generell gültigen Muster (die hier nicht behandelt werden).

Auslöser für mein Interesse an den „wirklichen Wirkungen“ der Kommunikation war die Erkenntnis: Selbst hervorragend beurteilte Seminare und Trainings für die Wirtschaft zeigen fast keine mittel- oder gar langfristige Wirkung im beruflichen Alltag. In vielen meiner Vorträge und Seminare stelle ich seither die Frage, wer von den Anwesenden an einem Seminar zum Thema Kommunikation teilgenommen hat, wer mit dem Inhalt zufrieden war und wer diesen mehr oder weniger vollständig in sein Verhaltensrepertoire aufgenommen hat. Das Ergebnis ist fast immer dasselbe: Sehr viele haben ein Seminar besucht, die meisten davon waren zufrieden und nur ein Bruchteil profitiert konkret vom Inhalt.

Lange Rede, kurzer Sinn: Einer meiner Lösungsansätze für dieses Problem war die Idee der Trainingskarten. Denn eine Analyse aller im Laufe unseres Lebens erworbenen Fertigkeiten zeigt schnell: Nicht eine eigneten wir uns in einem Seminar oder durch Lesen eines Buches an; stets lag ein längerer von Versuch und Irrtum gekennzeichneter Lern- und Probierprozess unter realen Bedingungen zugrunde, der sich in kleinen und kleinsten Schrittchen vorwärts bewegte. Und mit Hilfe meiner Trainingskarten geschieht genau dasselbe.

Sie ermöglichen also genau das, was Konrad Lorenz mit seinem berühmten Satz meint: Leben ist Lernen.[3]

Ehre, wem Ehre gebührt: Die Idee der Karten stammt zwar von mir, der Inhalt des hier vorliegenden Kartensatzes für Lehrkräfte jedoch allein von Michael Grinder.

---

[1] *Es gab verschiedene Möglichkeiten, den Text geschlechtsneutral zu formulieren. Von wenigen Ausnahmen abgesehen, habe ich das durch die Verwendung des Begriffs „Lehrkraft“ versucht.*

[2] *Was jedoch auf die angesprochene Zielgruppe keinen großen Eindruck gemacht hat.*

[3] *Auf die damit verbunden Vorteile gehe ich im nächsten Kapitel ein.*

Seine Besuche von über 6.000 Klassen in den meisten westlichen Ländern lieferten die Grundlage dafür. Und meiner Ansicht nach gibt es weltweit neben ihm nur noch eine Person, die auf dem Gebiet der Kommunikation ähnlich wichtige Basisarbeit geleistet hat.

So bahnbrechend Grinders Forschungsergebnisse auch sind, sie haben einen großen Nachteil: Sie sind ihrer Zeit - genauer gesagt: dem Problembewusstsein der meisten Menschen - um Jahre, vielleicht sogar um Jahrzehnte voraus. Er weiß das sicher selbst. Nicht ohne Grund endet jedes der Kapitel seines Buches über die hier behandelten 31 ENVoY-Muster[4] mit einer Frage zur Dauer der endgültigen Durchsetzung einer wichtigen Erfindung. Und so erfährt man im Laufe der Lektüre anhand dieses „Mäusequizzes", dass z. B. der Reißverschluss 30 Jahre brauchte, die automatische Kupplung 16 Jahre, der lösliche Kaffee 22 Jahre, Antibiotika 30 Jahre und der Deo-Roller 7 Jahre.

Ehe wir eine Prognose wagen können, wie lange die von Michael Grinder entdeckten Dinge zum endgültigen Durchsetzen benötigen, muss man allerdings klären, was genau er denn entdeckt hat.

Wie bereits gesagt: Aus meiner Sicht der Dinge hat er sich in vieljähriger und mühevoller Kleinarbeit mit der Frage nach der „wirklichen" Wirkung von Kommunikation befasst. Dabei ging es ihm nicht um das Untersuchen von Meinungen anderer zu diesem Thema - also um das Analysieren der sprachlichen Resultate von eigen- und fremdernannten Experten. Michael Grinder beantwortete sich diese Frage durch ein sehr genaues Beobachten kommunikativer Prozesse selbst. Und dabei hat er (zumindest nach meiner Auffassung und zugegeben etwas platt ausgedrückt) die Atome der kommunikativen Wirkung herausdestilliert - die kommunikativen nonverbalen Mikrofertigkeiten.

Da es in der westlichen Welt kein Weiterbildungsthema geben dürfte, das auf größeres Interesse trifft als das der Kommunikation, taucht natürlich sofort die Frage auf: Wieso bestehen dann Zweifel hinsichtlich Akzeptanz bzw. Durchsetzung dieser angeblich für die zwischenmenschliche Kommunikation so wichtigen Erkenntnisse?

Ein sehr interessanter Grund stammt von Michael Grinder selbst: der negative *Zusammenhang zwischen Lernmotivation und Lerneffizienz*: Das Beschäftigen mit motivierenden Dingen (z. B. mit Absichten, Zielen, Visionen und deren möglichen materiellen und immateriellen Früchten) ist selten effizient und das Beschäftigen mit effizienten Dingen (z. B. mit dem dazu notwendigen „Kleinkram" wie etwa die nonverbalen Mikrofertigkeiten) motiviert meist nicht.

Ein zweiter Grund liegt nach meiner Auffassung in einer grundsätzlichen *Betonung der Inhalte kommunikativer Prozesse*: Wir alle richten unser Augenmerk in erster Linie auf das „Was" unserer Kommunikation, nur in Ausnahmefällen auf das „Wie", den Prozess. Aus diesem Grund ist uns auch inzwischen jedes Gefühl für die Bedeutung des Prozesses und seiner wirksamen Details verloren gegangen. Und je mehr wir vom Inhalt unserer

[4] *Michael Grinder: Ohne viele Worte - nonverbale Muster für erfolgreiches Unterrichten; Freiburg 1995. Das englische Wort „Envoy" bedeutet Gesandter oder Bote und ist als Akronym aus den Worten Educational Non-Verbal Yardsticks (non-verbale Erziehungs-Maßstäbe) abgeleitet.*

Botschaft überzeugt sind, umso weniger achten wir auf die Form ihrer Übermittlung. Aber wie der Volksmund bereits weiß: Der Ton macht die Musik.

Ein dritter Grund: Befassen wir uns mit neuen kommunikativen Methoden und Techniken, kommen diese zu *einer bereits vorhandenen mehr oder weniger großen unbewussten kommunikativen Kompetenz*. Wir alle besitzen für die meisten unserer kommunikativen Aufgaben diverse jahrelang trainierte Fertigkeiten, auf die wir blitzschnell zurückgreifen können. Neue Techniken bedeuten daher anfangs immer das Aufgeben von Sicherheit und ein Gefühl von Künstlichkeit - das Verlassen unserer Komfortzone.

Das führt unmittelbar zu einem vierten Grund, die wohl *unausrottbare Hoffnung, es gäbe kommunikative Zauberstäbe*, Nürnberger Trichter oder ganz einfach irgendwelche leicht zu erlernenden Tricks, um perfekt kommunizieren zu können. Natürlich gibt es dies alles - aber nur für so eng begrenzte Situationen, dass man gleich sagen kann: Eigentlich gibt es sie nicht.

Beim Betrachten dieser vier Gründe - von denen die ersten beiden speziell die Mikromuster, die letzten beiden Kommunikationstechniken jeder Art betreffen - wird verständlich, warum Michael Grinder mit den Fragen und Antworten seines Mäusequizzes andeutet, dass er eine pessimistisch-realistische Erwartungshaltung hinsichtlich der allgemeinen Verbreitung seiner Erkenntnisse besitzt.

Es ist meine Hoffnung, dass die Trainingskarten dazu dienen, die Einführungsphase zu verkürzen bzw. die allgemeine Verbreitung der Erkenntnisse Michael Grinders zu beschleunigen - denn ihr Nutzen ist überwältigend.

Zum Abschluss ein Wort zum Verhältnis von Trainingsset und Originalbuch Michael Grinders: Wenn ich sage, dieses Trainingsset ist kein Ersatz für das Buch, so ist das aus verschiedenen Gründen keine rhetorische Feststellung: Hier lernen Sie zwar auch alle 31 Mikromuster des Buches kennen, viele Einzelheiten bleiben jedoch unberücksichtigt: Feinheiten der Muster werden nicht behandelt, spezielle Hinweise zum Trainieren fehlen und es wird kaum auf verschiedene Anwendungssituationen eingegangen. Außerdem werden die Möglichkeiten und Techniken des gegenseitigen Coachen beim Einsetzen der Mikromuster nicht besprochen.

Das Ziel von Erläuterungen und Trainingskarten besteht darin, ein schnelles, möglichst problemloses und vor allem erfolgreiches Umsetzen der Mikro-Verhaltensweisen zu ermöglichen. Nichts spornt stärker an, sich intensiver mit diesen Techniken zu befassen, als schnelle Erfolge. Aus diesem Grund habe ich auch besonderen Wert darauf gelegt, für jedes Muster das Ziel, den speziellen und allgemeinen Nutzen, eine Kurzbeschreibung und die vorhandenen Ergänzungs- und Kombinationsmöglichkeiten zusammenfassend darzustellen.

Das Trainingsset ist also kein Ersatz des Buches. Es soll einen schnellen, unkomplizierten und erfolgreichen Einstieg in diese ungewöhnliche Materie ermöglichen. Und es ist eine Ergänzung und ein Mittel zum Transfer der darin enthaltenen Muster, Anwendungs- und Trainingsdetails.

B. Lern- und Trainingsaspekte

1. Lernen und Kontext

Es ist eine Eigenschaft von Mensch und Tier: Das, was sie lernen, können sie nicht genau von den Bedingungen trennen, unter denen sie es lernen. Lernstoff und Lernkontext werden gemeinsam wahrgenommen und abgespeichert - und meistens auch in Abhängigkeit voneinander erinnert. Das hat zum einen große Vorteile: In bestimmten Kontexten fallen einem sofort die dazu passenden Reaktionen ein. Das hat jedoch auch Nachteile: Das kreative Übertragen geeigneter Maßnahmen auf andere Kontexte wird erheblich erschwert, weil deren spontanes Erinnern dann nur selten erfolgt. Lerninhalt und Lernkontext sind zu stark miteinander gekoppelt.

Natürlich besteht auch die Möglichkeit, Lerninhalte weitgehend kontextfrei zu vermitteln. Das weist jedoch noch größere Nachteile auf: Denn gerade der Kontext ist es, der den spezifischen Nutzen des Lernstoffs veranschaulicht - kein konkretes Anwendungsgebiet, kein konkreter Nutzen. Darüber hinaus ist es gerade der Nutzen, der dazu führt, dass man sich das zu Lernende langfristig merkt - kein Nutzen, keine deutlichen Spuren im Gedächtnis.

Diese Phänomene treffen auch auf die im Folgenden dargestellten 31 Mikro-Verhaltensweisen zu:

Michael Grinder stellt sie explizit unter dem Thema „Klassenzimmer-Management“ vor. Lehrkräfte erkennen daher sofort den Nutzen dieser Techniken, trainieren sie in Klassenzimmern - und erinnern sich dann meist auch nur in Klassenzimmern an sie. Dabei sind sie in sehr vielen Kontexten mit ähnlich gelagerten Aufgaben eine wertvolle Hilfe: Lehrkräfte stehen nicht nur vor Schülergruppen, sondern auch vor Gruppen von Eltern, Kollegen, Vereinskolleginnen und natürlich auch vor Gruppen von Familien-Mitgliedern, Verwandten oder Bekannten. Andererseits gibt es auf dieser Welt nicht nur Lehrkräfte, die vor Gruppen stehen: In sehr vielen Berufen gehört es zum Alltag, vor und mit Gruppen zu arbeiten. Die meisten der 31 Mikro-Verhaltensweisen sind daher universell anwendbar.

Um einerseits zu ermöglichen, dass der Nutzen der hier vorgestellten Kommunikationstechniken von Lehrkräften sofort erkannt wird, um aber andererseits auch zu verhindern, dass sie vorwiegend unter dem Aspekt „Schule - Lehrkraft - Klassenzimmer“ abgespeichert werden, habe ich großen Wert darauf gelegt, auch Beispiele für andere Einsatzgebiete zu liefern. Und aus diesem Grund spreche ich auch oft nicht von Klassen, sondern allgemein von Gruppen. Das alles erhöht nicht nur den Nutzen der Karten für Lehrkräfte. Es zeigt zugleich die grundsätzliche Bedeutung der Mikro-Verhaltensweisen für jede Art direkter zwischenmenschlicher Kommunikation bzw. für alle Menschen, die sich diesbezüglich verbessern wollen.

Die ENVoY-Muster sind keine Lehrer-Verhaltensweisen. Sie sind generell wirksame Kommunikationstechniken, die hier für das spezielle Einsatzgebiet Klassenzimmer besonders erläutert werden.

2. Lernkultur

In meinen Erläuterungen zu den einzelnen Mikromustern stoßen Sie oft auf den Begriff „Kultur“. Darunter verstehe ich alle bewussten und unbewussten Elemente, die Basis, Bestandteil und Ergebnis der Kommunikation sozialer Gruppen sind. Diese Gruppen können Familien, Klassen, Vereine, Gemeinden oder Völker sein. Der große Vorteil gerade der unbewussten Elemente - zu denen die Mikro-Verhaltensweisen gehören - besteht in ihrer schnellen und sicheren Wirkung: Der Sender setzt sie automatisch ein, der Empfänger interpretiert sie automatisch.

Unter diesem Aspekt dienen die 31 ENVoY-Muster nicht nur dem Lösen einzelner Probleme mit Gruppen oder Einzelpersonen. Da Lehrkräfte meist eine längere Zeit mit denselben Schülern und Schülerinnen zusammen sind, verändern sie mittel- und langfristig auch die Lernkultur von Klassen und damit auch Schulen. Und je systematischer man dabei vorgeht, umso stärker ist die Wirkung. Dass Lehrkräfte in den letzten Jahren mit zunehmenden Problemen im Unterricht konfrontiert werden, hängt u.a. damit zusammen, dass zu viele Schüler ohne die für eine fruchtbare Lernkultur erforderlichen Verhaltensweisen in die Schule kommen.

3. Nonverbale Systematik

Wenn Michael Grinder so großen Wert auf das systematische Einsetzen der von ihm herausgearbeiteten Muster legt, hat das sicher mit den eben beschriebenen Problemen zu tun. Der Schule kommt heute eine wichtige - und im wahrsten Sinn kulturelle - Aufgabe zu, die ihr vor Jahrzehnten noch von den Familien abgenommen wurde: das Vermitteln einer unbewussten Kompetenz hinsichtlich wichtiger lernfördernder Fertigkeiten, die die Basis einer fruchtbaren Lernkultur bilden.

Trennen wir die Lernkultur in die beiden großen Bereiche „Was" (den zu vermittelnden Inhalt) und „Wie" (die dabei ablaufenden Lehr- und Lernprozesse), so befassen sich Michael Grinders ENVoY-Muster - von einer Ausnahme abgesehen[5] - ausschließlich mit einem ganz speziellen „Wie": Es geht vor allem um diejenigen nonverbalen Prozessfertigkeiten (der Lehrkräfte), die zu effizienteren Wahrnehmungsprozessen (der Schüler) und damit mittel- und langfristig zu einer effizienteren Lernkultur führen. Sehr oft treffen Sie daher auch in den Erläuterungen zu den Mikromustern auf die Begriffe Aufmerksamkeit, Erwartungshaltung, Arbeitshaltung, Atmosphäre, störungsfrei und konzentrieren.

Um alle diese Punkte möglichst schnell, problemlos und erfolgreich zu gewährleisten, achtet Michael Grinder auf einen systematischen Einsatz der verbalen und nonverbalen Lehreraktivitäten: *Grundsätzlich bleiben alle verbalen Aktivitäten einschließlich des Stimmeinsatzes der Stoffvermittlung vorbehalten, während alle nonverbalen Aktivitäten der Prozesssteuerung und Disziplinierung dienen.* Diese saubere Trennung führt zu einer einwandfreien unbewussten „mentalen Buchführung" bei den Schülern und sorgt dafür, dass der Lehrinhalt weitgehend ungetrübt von Disziplinierungs-Auswirkungen aufgenommen werden kann.

Weil man den Erfolg konkret erleben konnte, setzten zwar alle Lehrer, Ausbilder, Seminarleiter und Trainer ihre nonverbalen Muster bereits unbewusst sehr systematisch ein (viele nehmen z. B. die „laute" Stimme regelmäßig zum Disziplinieren). Diese Systematik beruht jedoch nur auf den kurzfristig wahrnehmbaren Erfolgen: Da man bemerkte, dass die laute Stimme fast regelmäßig eine Verhaltensänderung bewirkt, eignete man sich dieses Muster unbewusst an. Dabei übersieht man jedoch

[5] *Vgl. Muster 19 (Verbaler Rapport mit „schwer erreichbaren" Schülern), S.56.*

die Langfrist-Schäden dieser Maßnahme: Das Medium Stimme wird nach und nach „vergiftet“ und beeinträchtigt mehr oder weniger stark auch das Aufnehmen der anderen durch sie übermittelten Inhalte.[6]

Unsere unbewusste Systematik ist daher zwar meist effizient (genau darum haben wir sie uns angeeignet), aber nur selten auch effektiv: Wir machen die Dinge meist richtig - nicht aber die richtigen Dinge. Demgegenüber sorgen die 31 nonverbalen ENVoY-Muster und ihr systematischer Einsatz zum Steuern der Lernprozesse von Schülern für Effizienz *und* Effektivität.

4. Macht und Einfluss

Um abgelenkte Schüler wieder an die Arbeit zu bekommen, gibt es verschiedene Möglichkeiten. Michael Grinder führt in diesem Zusammenhang die wichtige Unterscheidung zwischen Einfluss und Macht ein. Nach seiner - und auch meiner - festen Überzeugung sollten Lehrkräfte Einfluss und keine Macht ausüben. Michael Grinder sagt: Macht ist direkt und Einfluss indirekt. Ich ergänze: Macht stört Beziehungen, Einfluss nutzt sie.

Nun ist Macht ein äußerst komplexes Phänomen - denn Macht hat man nicht, Macht wird einem von anderen zugebilligt. Keine Lehrkraft besitzt an sich Macht über Schüler. Deren Verhalten ermöglicht ihm „nur“ Interventionen, die ein Beobachter mit dem Satz zusammenfassen könnte „Da nutzt aber jemand seine Macht aus.”

Diese Definition von Macht ändert natürlich nichts am subjektiven Gefühl derjenigen, die meinen, ein anderer besitze Macht über sie. Und das bedeutet: Kurzfristig muss man beim Einschreiten gegen Machtmissbrauch so tun, als sei Macht tatsächlich die Eigenschaft eines Menschen, und deshalb bei diesem ansetzen. Langfristig löst man das Problem jedoch nur, zeigt man den Betroffenen, dass auch ihr Verhalten entscheidend zu dem beiträgt, unter dem sie leiden. Anderenfalls ist es nur eine Frage der Zeit, bis nach dem einen ausgeschalteten „Mächtigen” ein anderer auftaucht und seine „Macht” ausübt. Unter Bezugnahme auf die im letzten Kapitel behandelten Unterschiede zwischen der Effektivität und Effizienz unserer Maßnahmen kann man daher sagen: Kurzfristig sollte bei Machtmissbrauch Effizienz vor Effektivität gehen; langfristig tut man damit den Opfern keinen Gefallen.

Macht in dem hier beschriebenen Sinn entsteht also bereits dadurch, dass Einzelne oder Gruppen zu erkennen glauben, eine Lehrkraft verfolge bewusst Absichten, gegen die man sich nicht oder nur schwer wehren kann. Außerdem hängt die Stärke der Macht auch davon ab, wie viele Personen einer Gruppe sich dieser Meinung anschließen.

Unter diesen Aspekten habe ich vier Interventionen gebildet, die sich aus den Alternativenpaaren offen bzw. verdeckt sowie verbal bzw. nonverbal zusammensetzen:

❶ *Offen / verbal* greifen Sie ein, sprechen Sie Einzelne in aller Öffentlichkeit direkt auf ihr Fehlverhalten an.
❷ *Offen / nonverbal* reagieren Sie, wenn Sie dies nonverbal durch Gestik und Mimik tun (manche Lehrkräfte werfen auch mit kleinen Kreidestückchen oder Papierbällchen).
❸ *Verdeckt / verbal* intervenieren Sie, wenn Sie zwar

[6] *Vgl. dazu die Ausführungen zu Muster 12 (Entgiften des Klassenzimmers), S. 42.*

eine Person meinen, Ihre Kritik jedoch allgemein formulieren („Bitte, konzentriert Euch auf Eure Arbeit!). Dabei bestimmt Ihr Blickkontakt, wie verdeckt Sie vorgehen, je nachdem, ob Sie jemand ansehen oder nicht.
❹ *Verdeckt / nonverbal* stellt die eleganteste Methode dar: Sie lösen das erwünschte Verhalten eines anderen allein durch Ihr nonverbales Verhalten aus - und zwar so, dass dieses Ziel von diesem nicht eindeutig zu identifizieren ist.

Intervention ❶ wird am leichtesten mit Macht in Verbindung gebracht; besonders dann, wenn sich der Inhalt der Botschaft „mächtig” anhört. Bei Intervention ❹ fällt es am schwersten: Der Einzelne spürt zwar einen Einfluss des Lehrers (warum sonst ändert er sein Verhalten). Er (und auch die Gruppe) ist sich jedoch nie ganz sicher, dass das Verhalten des Lehrers mit einer bestimmten Absicht erfolgt. Auf jeden Fall aber besteht für ihn kein oder nur ein geringer Zusammenhang zwischen Lehrerverhalten und eigener Verhaltensänderung. Und genau das ist der Grund, warum jemand keine Macht verspürt, sondern meint, er treffe eine weitgehend selbständige Entscheidung.

5. Natürlichkeit und Künstlichkeit

Befassen wir uns mit Kommunikationstechniken, können wir bereits kommunizieren: Für die meisten Aufgaben in Beruf und Alltag haben wir uns bereits eine Vielzahl mehr oder weniger gut funktionierender Lösungen angeeignet, auf die wir blitzschnell zurückgreifen können. Unsere unbewusste kommunikative Kompetenz ist sehr groß. Das aber stellt für die meisten ein erhebliches Problem dar, wenn es um das Aneignen neuer Kommunikationstechniken geht: Trainieren bedeutet das Verlassen der Komfortzone. Was bislang ohne Nachdenken meist problemlos ablief, verursacht jetzt Nachdenken und ein Gefühl der Unsicherheit.

Wir alle wissen: Keine unserer auch nur etwas komplexeren Fähigkeiten haben wir uns durch das Lesen eines Buches oder durch die Teilnahme an einem Seminar angeeignet. Stets lag ein längerer von Versuch und Irrtum gekennzeichneter Lern- und Probierprozess zugrunde. Jede Sportart und jedes Instrument, das Bedienen von Computer und Videorecorder, das Fahren mit Auto oder Fahrrad - dies alles und vieles mehr erwarben wir uns Schrittchen für Schrittchen.

Geht es jedoch um das (Um-)Lernen im Bereich der Kommunikation, scheuen die meisten vor diesem Probierprozess zurück. Einiges der am häufigsten genannten Argumente lautet: Dies sei künstlich, da bliebe die Natürlichkeit zwischen Menschen auf der Strecke. Man könne doch nicht am Gesprächspartner neue Gesprächstechniken ausprobieren.

Diese Argumente sind aus mindestens zwei Gründen falsch:

❶ Zum einen - und darüber habe ich bereits im vorangegangenen Kapitel geschrieben - eigneten wir uns alle unsere Techniken durch Ausprobieren an unseren Mitmenschen an. Das war nicht künstlich, das war natürlich. Der Unterschied zwischen Natürlichkeit und Künstlichkeit besteht nur darin, dass wir einmal unbewusst und einmal bewusst probieren. Im ersten Fall fühlen wir nichts, im zweiten Fall überkommt uns ein „komisches“ Gefühl.

❷ Zum anderen - und auch das steht bereits im vorigen Kapitel - ist unsere unbewusst antrainierte Kompetenz zwar meist *aus unser Sicht kurzfristig* erfolgreich. Sie muss aber weder *langfristig* noch *aus der Sicht unserer Gesprächspartner* erfolgreich sein. Unser „komisches“ Gefühl beim Trainieren verhindert also sogar erfolgreichere Kommunikationsprozesse aus Sicht beider Parteien.

Ich kann Ihnen daher nur den guten Rat geben: Überwinden Sie dieses Gefühl der Künstlichkeit im Interesse aller an der Kommunikation Beteiligten. Verlassen Sie ruhig einmal Ihre Komfortzone. Und (was ich für sehr wichtig halte): Befolgen Sie den Ratschlag Michael Grinders, verstoßen Sie auch einmal bewusst gegen die hier aufgestellten Regeln und beobachten Sie die Reaktionen.

Dies wird Sie schnell vom Einfluss der Muster überzeugen.

Die vermeintliche Künstlichkeit beim Trainieren ist ein rein subjektives Gefühl aufgrund unseres Wissens, dass *wir* jetzt eine neue Technik einsetzen. Will man sich immer „natürlich" fühlen, kann man nichts hinzu lernen. Das Erlernen neuer kommunikativer Fertigkeiten bedeutet zunächst stets Unsicherheit, weil wir für die meisten Kommunikationsprobleme bereits unbewusst funktionierende Lösungen besitzen. Diese fühlen sich „natürlich" an und deshalb greifen wir vor allem in Stresssituationen automatisch auf sie zurück. Eignen wir uns eine neue wirksamere „Kunst" nicht in stressfreien Zeiten an, steht uns in Krisensituationen nur unsere alte „Natürlichkeit" zur Verfügung.

6. Trainingshinweise

Das Erlernen der neuen Muster bedeutet nicht (was viele glauben), sich hinzusetzen und in mühsamer Arbeit möglichst viele Mikromuster auswendig zu lernen - um dann im Alltag bereits an den Auswahlproblemen zu scheitern (vom fehlenden Gespür für wichtige Details ganz zu schweigen). *Lernen ist umso erfolgreicher, je kleiner die konkreten Schritte sind und je besser diese im Hinblick auf ihre eintretende oder ausbleibende Wirkung kurzfristig kontrolliert werden können.*

Das Ziel, ein guter Kommunikator zu werden, ist deshalb mit dem Ziel vergleichbar, ein Instrument zu erlernen: Man setzt sich nicht hin, paukt und prägt sich die Noten und Griffe am Instrument ein, um dann irgendwann zu entscheiden: „So, jetzt nehme ich mir eine Komposition vor und prüfe, ob ich das Instrument beherrsche." Nein, man tastet sich schrittweise über einzelne Noten und einfache Griffe, über Akkorde, Tonläufe und anfangs einfache kleine Melodien langsam hin zu dem, was man „Beherrschung eines Instruments" nennen kann. *In dieser Beziehung erlernt man das Instrument „Kommunikation" wie das Instrument „Klavier".* Dabei helfen die Trainingskarten enorm: Es heißt nicht „Hinsetzen und Mikro-Verhaltensweisen büffeln!" Man nimmt sich täglich eine bestimmte Verhaltensweise vor, führt diese durch, analysiert ihre Wirkung sowie die dabei gemachten Fehler und Erfahrungen. Und nach einiger Zeit, wenn diese und andere Mikromuster schon mehrfach absolviert wurden, erkennt man eine deutliche Verbesserung der eigenen Kommunikation. Lernen auf diese Art bedeutet also nicht das Opfern von Zeit zum Pauken von Stoff. *Lernen ist gleichbedeutend mit dem Entschluss, Dinge zu tun, die man ohnehin machen muss - nur einmal auf eine andere und bewusstere Art und Weise.* Oder mit Konrad Lorenz: Leben ist Lernen.

Dass Leben Lernen ist, wird durch ein weiteres Argument unterstützt. *Denn in zwei Punkten unterscheidet sich das Lernen von Kommunikation vom Erlernen eines Instruments gravierend:*

❶ Die ersten Gehversuche mit einem Instrument finden für lange Zeit ohne Publikum statt. Auch wenn niemand unter den Zuhörern das Instrument selbst beherrscht, alle wissen, wie es sich richtig anhören muss: Man hat bestimmte Erwartungen hinsichtlich der kommenden Klänge. Bei der Kommunikation stellt sich dieses Problem aus zwei Gründen nicht: [1] Wir alle können bereits perfekt kommunizieren - nur noch nicht auf diese neue und zu trainierende Art. [2] Den Zuhörern ist nicht bewusst, was jetzt zu kommen hat. Sie haben keine konkrete Erwartung, können demzufolge auch nicht feststellen, ob etwas falsch ist. Unser Üben fällt Dritten also überhaupt nicht auf. Allein das zählt. Man kann drauflos üben, ohne dass es die Gesprächspartner merken!

❷ Auch wenn Sie ihn bereits makellos auf Ihrem Instrument spielen können: Mit nur einem Ton sollte man noch nicht öffentlich auftreten. Dies ist ein weiterer Grund, warum das Erlernen eines Instruments schwierig ist. Und dies ist ein weiterer Unterschied zu den Mikro-Verhaltensweisen: Mit nur einem gelernten Muster können Sie bereits in der Öffentlichkeit auftreten. Sie müssen nicht warten, bis Sie alle beherrschen.

Wie Sie sicher bereits gesehen haben, enthalten die Trainingskarten die zu übenden Mikromuster nicht nur als Text, sondern auch als Grafik. Dies hat folgende Gründe: [1] Ein Bild sagt mehr als tausend Worte - eine Grafik lässt dem Anwender einen größeren individuellen Interpretationsspielraum. [2] (Analoge) Abbildungen erinnert man besser als (digitale) Texte: Sie werden in der rechten Hirnhemisphäre verarbeitet, die auch für die Gefühle zuständig ist. [3] Beim Trainieren kann jeder die Seite der Trainingskarte verwenden, die er für sich am geeignetsten empfindet. Praxiserfahrungen zeigen: Die Mehrzahl bevorzugt die Abbildungen.

C. Das alles können Sie erreichen

Sie können ...

1 die Aufmerksamkeit ganz oder teilweise abgelenkter Personen möglichst schnell und ungeteilt auf sich konzentrieren.

2 die Aufmerksamkeit möglichst schnell und ungeteilt (wieder) auf ein Thema konzentrieren.

3 möglichst effizient anzeigen, welche Art der Stoffvermittlung Sie jetzt bevorzugen.

4 bei detailreichen Anweisungen für neue Aufgaben Missverständnisse und (verbale) Rückfragen weitestgehend vermeiden.

5 unmissverständlich signalisieren, dass sich jetzt die Aufmerksamkeit von Ihnen auf eine Aufgabe zu verlagern hat.

6 ohne Störung der Beziehung intervenieren und erreichen, dass sich jemand wieder auf seine Aufgabe konzentriert.

7 Ihre Fähigkeiten verfeinern, jemand machtfrei zu veranlassen, sich wieder auf seine Aufgabe zu konzentrieren.

8 mit einem glaubwürdigen Eindruck informieren und die Aufmerksamkeit möglichst ungeteilt auf sich konzentrieren.

9 Lernende möglichst effizient in einen angemessenen mentalen Startzustand führen.

10 schnell die Aufmerksamkeit erhalten, um einen (noch) uninteressanten Stoff zu behandeln.

11 mit Hilfe von Lob motivieren und erreichen, dass bestimmte Verhaltensweisen als Modell dienen.

12 bestimmte Erwartungs- bzw. Reaktionshaltungen Ihrer Schüler effizienter induzieren.

13 ein sauberes Trennen verschiedener mentaler Zustände bei sich und anderen erreichen.

14 proaktiv dafür sorgen, dass ein Aufmerksamkeits- oder Tätigkeitswechsel möglichst störungsfrei erfolgen kann.

15 die geeignetste Form zum Ankündigen der gewünschten Interaktionsart einsetzen.

16 nonverbale Signale entwickeln, damit die verbale Kommunikation der Vermittlung des Unterrichtsinhalts vorbehalten bleibt.

17 proaktiv dafür sorgen, dass Übergänge zu anderen Aktivitäten weitgehend störungsfrei ablaufen.

18 ohne Störung der Beziehung erreichen, dass sich jemand (wieder) auf den Unterricht konzen triert.

19 besonders schwer zu motivierende Lernende stärker in den Unterricht einbinden.

20 Anweisungen weitestgehend frei von störenden Reaktionen der Schüler vermitteln.

21 bei detailreichen Anweisungen für neue Aufgaben Missverständnisse, (verbale) Rückfragen und Wiederholungen weitestgehend vermeiden.

22 Rückfragen oder Störungen Einzelner ohne Unterbrechung der Arbeitsatmosphäre beantworten bzw. beheben.

23 die produktive Atmosphäre in der Stillarbeit trotz notwendiger verbaler Interventionen aufrecht erhalten.

24 die produktive Atmosphäre in der Stillarbeit trotz notwendiger nonverbaler Aktivitäten aufrecht erhalten.

25 die produktive Atmosphäre in der Stillarbeit trotz erfolgter Interventionen sicherstellen.

26 eine Problemperson durch einen kurzfristigen Einsatz von Macht aufnahmebereit für den Einsatz von Einfluss machen.

27 an hektischen Tagen eine möglichst große Zahl von Lernenden in einem produktiven Zustand halten.

28 mit Hilfe positiver Verstärkungen bei einzelnen Personen eine produktive Arbeitshaltung schaffen bzw. erhalten.

29 mit Hilfe positiver Verstärkungen bei der Gruppe eine produktive Arbeitshaltung schaffen bzw. erhalten.

30 mit Hilfe einer visuellen Instruktion Selbständigkeit während der Stillarbeit erreichen und Rückfragen auf ein Mindestmaß reduzieren.

31 einen Eindruck von physischer Anwesenheit hervorrufen, der auch nach dem Fortgehen von einem Schüler wirkt.

In seinem Buch fasst Michael Grinder die 31 Muster in fünf Gruppen zusammen:

❶ Die erste Gruppe besteht aus den Mustern 1 bis 7. Diese stellen die sogenannte „sieben Schätze“ dar.
❷ Die zweite Gruppe „Aufmerksamkeit gewinnen“ umfaßt die Muster 8 bis 14.
❸ Die dritte Gruppe „Unterrichten“ wird aus den Mustern 15 bis 20 gebildet.
❹ Die vierte Gruppe „Übergang zur Stillarbeit“ enthält die Muster 21 bis 25.
❺ *Die fünfte Gruppe „Stillarbeit“ umschließt die Muster 26 bis 31.*

D. Die 31 ENVoY-Muster

1. Körperhaltung einfrieren

Kurzbeschreibung

Frieren Sie Ihre Körperhaltung während und nach einer deutlichen verbalen Bitte um Aufmerksamkeit ein. Beobachten Sie regungslos die Gruppe und entscheiden Sie anhand der Gruppenreaktion, wann Sie beginnen.

Ergänzungs- und Kombinationsmöglichkeiten

2, 5, 8, 10, 13, 20, 25

❶ Ziel:

Sie wollen die Aufmerksamkeit ganz oder teilweise abgelenkter Personen möglichst schnell und ungeteilt auf sich konzentrieren.

❷ Ausgangssituation, Maßnahmen und allgemeiner Nutzen:

Die Mitglieder von Lerngruppen sind mit ihrer Aufmerksamkeit nicht immer bei Ihnen. Dafür gibt es verschiedene Gründe, z. B.: ❶ Sie haben noch nicht begonnen. ❷ Man arbeitet allein oder in Teams an einer Aufgabe. ❸ Man beschäftigt sich unerlaubter Weise gerade nicht mit dieser Aufgabe, sondern mit etwas gänzlich anderem. ❹ Eine ungeplante Unterbrechung lenkte die Aufmerksamkeit ab. ❺ Es ist gerade eine offizielle Pause.

Wollen Sie in diesen und ähnlichen Fällen die ungeteilte Aufmerksamkeit der Gruppe zurück, sprechen meist zwei Punkte dagegen: die Intensität, mit der die Gruppenmitglieder gerade beschäftigt sind, und/oder ihre fehlende Bereitschaft, jetzt etwas anderes zu tun.

Um die Gruppenaufmerksamkeit (zurück) zu erhalten, sind zwei Dinge erforderlich: ein kongruentes Verhalten von Ihnen und der Einfluss der willigen Gruppenmitglieder. Beide Faktoren hängen zusammen.

❶ Kongruent sind Sie für diejenigen, die Sie im Moment nicht ansehen, wenn Ihre verbale Botschaft zum Ändern der augenblicklichen Situation (z. B. „Bitte!", „Guten Morgen!", „Hallo!") mit Ihrer nonverbalen Botschaft übereinstimmt. Bewegen Sie sich bei dieser Bitte um Aufmerksamkeit, signalisieren Sie gleichzeitig das Gegenteil von Ruhe und Konzentration. Sie dürfen sich dann nicht wundern, wenn ein Teil der Gruppe aufgrund der verbalen Botschaft zwar wie gewünscht hochblickt, sich aber wegen der nonverbalen Botschaft wieder der bisherigen Tätigkeit zuwendet.

❷ Aber auch wenn Sie sich kongruent verhalten: Selten bekommen Sie sofort die Aufmerksamkeit aller Gruppenmitglieder. Sie müssen deshalb Geduld besitzen und die Gruppe mit unbewegtem Kopf (!) im Auge behalten. Vermeiden Sie in dieser Situation aber jeden Blickkontakt mit Einzelnen: Dieser könnte nur zu Fehlinterpretationen führen („Ich glaube, er hat nichts dagegen, wenn ich trotzdem jetzt ..."). Ihre Kongruenz bremst nach und nach die Gruppendynamik, und das veränderte Gruppenverhalten beeinflusst auch die Widerspenstigeren.

Je nach Art der Gruppe entscheiden Sie anhand des Gruppenverhaltens (z. B. Geräuschpegel, Bewegungen, Blicke nach vorn), wann Sie Ihr Ziel erreicht haben und beginnen können. In einer Klasse sollten Sie höhere Ansprüche haben als bei einem Vortrag vor ein paar hundert Menschen: Klassen lernen schnell, wenn Sie sich mit wenig zufrieden geben - und es wird immer schwerer, die Aufmerksamkeit zu konzentrieren.

Außerdem gilt grundsätzlich für jede verbale Kommunikation: Die eingefrorene Körperhaltung unterstreicht die Bedeutung einer Aussage. Bewegt sich z. B. ein Kellner, während er seinen Gästen die Besonderheiten eines Menüs oder Weines erläutert, sinkt die Aufmerksamkeit seiner Gäste rapide.

2. Lauter-Pause-flüstern

Kurzbeschreibung

Sagen Sie einen kurzen Satz oder eine Phrase zum Gewinnen der Aufmerksamkeit in einer Lautstärke, die über dem normalen Niveau liegt. Machen Sie eine ausreichende Pause und vermitteln Sie dann den eigentlichen Inhalt Ihrer Botschaft in einer Lautstärke, die deutlich unter dem normalen Niveau liegt.

Ergänzungs- und Kombinationsmöglichkeiten

1, 8, 10, 12, 19

[7] *Nach dem gleichen Prinzip funktioniert das Muster 10 „unvollständige Sätze", S. 38.*

[8] *Entsprechend Muster 12 (vgl. S. 42) kann man auch sagen: Er wird durch die Disziplinierung nicht vergiftet.*

[9] *Das gilt selbstverständlich auch für den normalen Unterricht.*

1 Ziel:

Sie wollen die Aufmerksamkeit möglichst schnell und ungeteilt (wieder) auf ein Thema konzentrieren.

2 Ausgangssituation, Maßnahmen und allgemeiner Nutzen:

Nur in seltenen Fällen richtet sich die Aufmerksamkeit einer Gruppe permanent und ungeteilt auf das behandelte Thema: Mehr oder weniger Teilnehmende sind mehr oder weniger abgelenkt. Diese Ablenkung geht zudem oft einher mit einem Anschwellen des Geräuschpegels. Diesem Anschwellen passt sich die Lehrkraft oft unbewusst an, indem Sie ihre eigene Lautstärke nach und nach erhöht. So entsteht eine Art Wettkampf zwischen Lehrkraft und Klasse - den die Lehrkraft auf Dauer nur verlieren kann: Entweder man hört sie nicht mehr; oder sie muss Macht anwenden.

Eines der wirksamsten Mittel zum Unterbrechen dieses Teufelskreislaufs ist das Muster „Lauter - Pause - Flüstern“: Man lenkt zunächst die Aufmerksamkeit der Gruppe durch einen kurzen Satz oder eine Phrase auf sich, deren Lautstärke etwas über dem allgemeinen Geräuschpegel liegt. Nach einer Pause fährt man mit deutlich verringerter Lautstärke fort. Die Wirkung dieses Musters beruht auf der Kombination der drei Teilmuster:

1. Der laut geäußerte Satz fokussiert die Aufmerksamkeit der Gruppe neu, weil es sich um eine Musterunterbrechung handelt: Unsere Wahrnehmung reagiert vor allem auf deutliche Veränderungen. So blendet unser Gehirn störende Nebengeräusche nach einer Weile gänzlich aus, reagiert aber sofort, wenn sie plötzlich anschwellen oder aufhören.[7]

2. Die danach einsetzende Pause hat zwei Funktionen: Sie erhöht die Erwartungshaltung und trennt den ersten überwiegend disziplinierenden Teil vom dritten rein inhaltlichen Teil.

3. Der Inhalt kann also weitgehend frei von der mit negativen Assoziationen verbundenen Disziplinierung aufgenommen werden.[8] Außerdem wird dadurch der allgemeine Geräuschpegel auf einem deutlich niedrigen Niveau neu eingestellt.

Das Muster „Lauter - Pause - Flüstern“ kann man jedoch nicht nur im Falle einer störenden generellen Lautstärke einsetzen. Es ist auch eine ideale Technik, um in normalen Situationen die Aufmerksamkeit auf ein bestimmtes Thema zu konzentrieren.[9] Selbst in normal ablaufenden Zweier-Gesprächen verfehlt es daher seine Wirkung so gut wie nie. Zu beachten ist jedoch: „Lauter“ bedeutet stets „Lauter im Vergleich zur bisherigen Lautstärke“. Da man vor 100 Personen bereits lauter redet als in einem Zwiegespräch, hebt man die Lautstärke vor großen Gruppen mehr an als vor Einzelpersonen. Und „Pause“ bedeutet stets „Ausreichende Wartezeit zum Neu-Fokussieren der Aufmerksamkeit aller Zuhörer“. Einer Gruppe muss man daher stets mehr Zeit einräumen als einer einzelnen Person. Da in unserer Kultur eine Sprechpause jedoch von sehr vielen Menschen als Einladung zum Sprechen aufgefasst wird, sollten Sie besonders in Zweier-Gesprächen die Pause mit einer eingefrorenen Geste verbinden. Diese signalisiert: Es kommt noch was.

3. Melden oder zurufen

Kurzbeschreibung

Entscheiden Sie sich für die geeignete Form der Stoffvermittlung. Signalisieren Sie diese anfangs sowohl verbal als auch nonverbal. Setzen Sie dann einige Male nur die nonverbale Form ein und nutzen Sie bis zum nächsten Wechsel der Stoffvermittlungsform den Impuls, mit der augenblicklichen Form weiter zu machen.

Ergänzungs- und Kombinationsmöglichkeiten

10, 12, 15, 20

[10] *Auf die im aktivierenden Lernen vorhandene Möglichkeit ❹ geht Michael Grinder in seinem Buch nicht ein. Wir lassen sie deshalb auch unberücksichtigt.*

1 Ziel:

Sie wollen möglichst effizient anzeigen, welche Art der Stoffvermittlung Sie jetzt bevorzugen.

2 Ausgangssituation, Maßnahmen und allgemeiner Nutzen:

Ihre Lernenden können sich Stoff auf verschiedene Arten aneignen: ❶ Sie präsentieren ihnen den Stoff in einer Art Vortrag. ❷ Sie präsentieren den Stoff interaktiv und erlauben, dass man sich melden darf. ❸ Sie präsentieren den Stoff interaktiv und erlauben Zurufe. ❹ Sie lassen den Stoff zunächst mehr oder weniger eigenständig erarbeiten.

Die Frage, die Sie dabei vorher zu beantworten haben, lautet: Wie viel Kontrolle halte ich in Abhängigkeit vom Thema für angebracht? Ihre Kontrollmöglichkeiten bei Inhalt und Prozess nehmen von ❶ bis ❹ permanent ab.[10]

Grundsätzlich können Sie Vortrag, Melden oder Zurufen auf drei Arten ankünden: Sie sagen es (verbal), Sie zeigen es (nonverbal) oder Sie nutzen die Macht der Gewohnheit aus (Impuls), nachdem Sie mehrfach nacheinander z. B. Melden oder Zurufen signalisiert haben.

Ein idealer Zustand ist erreicht, wenn man auf Ihre nonverbalen Signale sofort reagiert und bis zum nächsten Signal automatisch mit dieser Art weitermacht. Ihre Gruppe hat eine Interaktions-Kultur entwickelt, die nicht nur Zeit spart, sondern auch Selbstverantwortung vermittelt.

Diese Kultur kommt jedoch nicht von allein: Der sicherste Weg, Gruppen mit diesem Ritual vertraut zu machen, besteht darin, die verbale und nonverbale Aufforderung gleichzeitig einzuführen: Sie sagen z. B. an, dass man sich melden kann, und heben gleichzeitig die Hand. In der ersten Zeit sollten Sie das mindestens einmal wiederholen. Nach einiger Zeit testen Sie einfach, ob das nonverbale Signal bereits ausreicht, um die gewünschte Reaktion zu bekommen. Falls nicht, machen Sie es noch eine Weile nach dem Motto „doppelt genäht hält besser".

Diese nonverbalen Signale sind nicht nur etwas für Schulklassen. Gerade die Geste für Melden eignet sich ideal, um die Scheu vieler Menschen zu überwinden, wenn sie sich vor großen Gruppen melden sollen - und sei es auch nur, um ein Abstimmungsergebnis zu erzielen. Fragt Michael Grinder seine Seminarteilnehmer nach ihren Meinungen und diese zögern, hält er seinen Arm stets solange oben, wie er der Ansicht ist, da könne sich noch jemand melden.

4. Anweisungen zur Überleitung

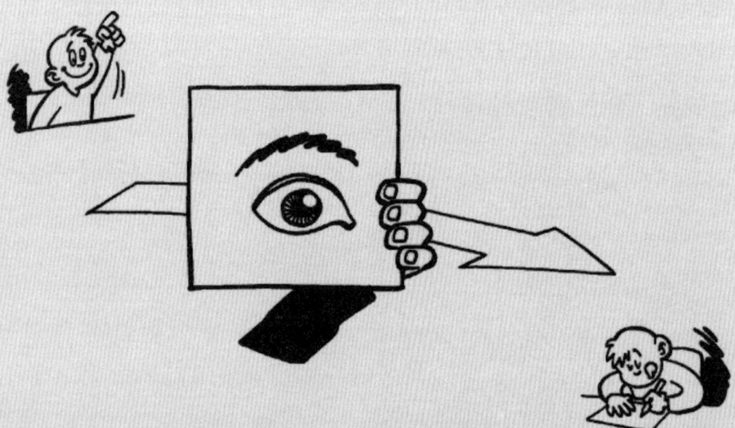

Kurzbeschreibung

Visualisieren Sie grundsätzliche alle detailreichen Anweisungen für neue Aufgaben. Beantworten Sie keine Frage verbal, die durch Ihre Anweisung bereits geklärt ist.

Ergänzungs- und Kombinationsmöglichkeiten

5, 9,12, 16, 21, 22

[11] *George A. Miller: The Magical Number Seven, Plus or Minus Two: Some Limits on Our Capacity for Processing Information; Psychological Review, 63/1956, S. 81 ff.*

❶ Ziel:

Sie wollen bei detailreichen Anweisungen für neue Aufgaben Missverständnisse und (verbale) Rückfragen weitestgehend vermeiden.

❷ Ausgangssituation, Maßnahmen und allgemeiner Nutzen:

Lernende sind zum Teil nicht nur abgelenkt, sie haben auch nur ein begrenztes Kurzzeitgedächtnis. In seinem legendären Aufsatz „Die magische Zahl Sieben plus minus Zwei“ hat George Miller bereits vor über 40 Jahren darauf hingewiesen: Menschen können sich nur 7 ± 2 sogenannte „Chunks” merken[11]. Als deutsches Synonym für Chunk könnte man Wahrnehmungseinheit nehmen. Eine Arbeitsanweisung mit nur 8 Details bzw. Einzelinformationen könnte daher bereits von einem großen Teil Ihrer Zuhörer nicht mehr komplett behalten werden.

Es gibt zwei Auswege: Das zeitaufwendige Diktieren oder das zeitsparende Visualisieren. Sehen wir uns die zweite Methode an, dann sind verschiedene unterschiedlich zeitaufwendige Techniken möglich:

❶ Das Anschreiben der Anweisung an Tafel, Flipchart u.ä. (sollte die Ausnahme bleiben).

❷ Das Vorbereiten von Anweisungsschildern mit Leerstellen zum Einsetzen der jeweils gültigen Angaben wie Buch, Seitenzahlen usw.

❸ Das Vorbereiten von Anweisungsschildern mit speziellem Inhalt.

Wichtig ist auch hier, dass Sie von Anfang an eine Art Anweisungskultur schaffen: Achten Sie auf feste Plätze zum Anbringen der Schilder und legen Sie Farben oder Formen für unterschiedliche Themen fest.

Vor allem aber: Unterlaufen Sie Ihre eigenen Maßnahmen nicht, indem Sie auf Fragen verbal antworten, die durch Ihre schriftlichen Anweisungen bereits klar beantwortet wurden. Zeigen Sie nur stumm auf die Anweisung. Dies ist reduziert nicht nur Störungen, es erzieht auch zur Selbständigkeit.

Alles dies gilt selbstverständlich auch für Workshops, Seminare und Trainings in der Wirtschaft. Hier sollten Sie jedoch noch berücksichtigen: Arbeiten Kleingruppen in unterschiedlichen Räumen, müssen Sie für jedes Team eine schriftliche Anweisung zum Mitnehmen haben.

5. Die wichtigsten 20 Sekunden

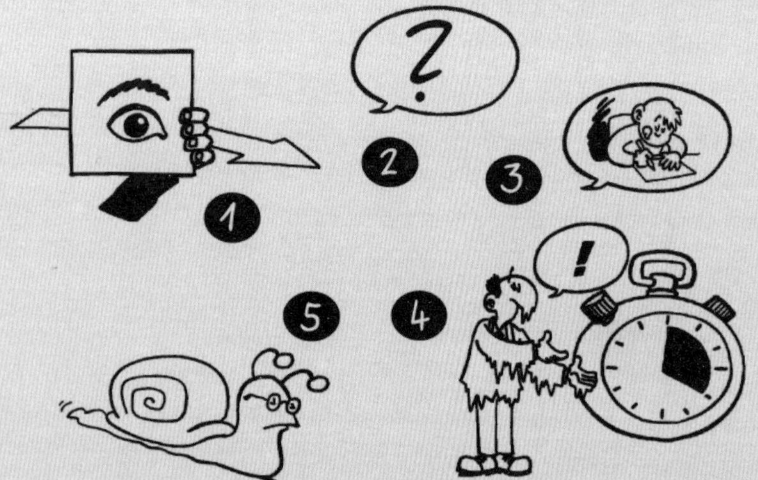

Kurzbeschreibung

Signalisieren Sie für 20 Sekunden durch eine ruhige und konzentriert wirkende Körperhaltung, dass sich jetzt die Aufmerksamkeit auf eine Aufgabe zu konzentrieren hat.

Ergänzungs- und Kombinationsmöglichkeiten

1, 4, 12, 16, 24

1 Ziel:

Sie wollen unmissverständlich signalisieren, dass sich jetzt die Aufmerksamkeit von Ihnen auf eine Aufgabe zu verlagern hat.

2 Ausgangssituation, Maßnahmen und allgemeiner Nutzen:

Wechseln Sie vom normalen Unterricht zu Einzel- oder Gruppenarbeit, muss sich die Aufmerksamkeit auf etwas Neues fokussieren: von Ihnen (bzw. von Außen) auf die Aufgabe (bzw. nach Innen). Haben Sie die Anweisung vorgelesen, eventuelle Fragen beantwortet und mit einem Satz wie „Nun, fangt mit der Aufgabe an" den Start signalisiert, sollten Sie dies nonverbal unterstreichen.

Bleiben Sie daher für die nächsten 20 Sekunden mit einer eingefrorenen Körperhaltung stehen, um der Gruppe ein Beispiel für Ruhe und Konzentration zu geben. Diese 20 Sekunden sind selbstverständlich ein Richtwert. Nur Sie können herausfinden, in welchen Ihrer Gruppen welche Zeit angebracht ist. Grundsätzlich gilt: Je selbständiger die Schüler, umso länger kann die Pause sein.

Auf Fragen oder Melden gehen Sie während dieser Zeit verbal nicht ein. Signalisieren Sie nonverbal, dass jetzt nicht die Zeit dazu ist, dass Sie jedoch später darauf zurückkommen. (Oft hat sich dann das Problem bereits erledigt.) Nach diesen 20 Sekunden können Sie Einzelnen helfen - bewegen Sie sich jedoch erkennbar langsam im Raum.

Wenn Sie sich für diese Maßnahme einen festen Platz im Raum reservieren, können Sie allein durch das Aufsuchen dieses Platzes nach einiger Zeit den Wechsel der Aufmerksamkeit auslösen bzw. unterstützen.

Im Seminar oder Training funktioniert diese Technik ebenfalls. Da man es aber meist mit Erwachsenen zu tun hat, sollte man genau darauf achten, wie dringend bzw. wichtig die signalisierte Bitte um Hilfe erscheint. Da die ausgegebenen Aufgaben oft recht komplex sind, kann es ja durchaus vorkommen, dass Verständnisschwierigkeiten hinsichtlich Text oder Ablauf vorliegen und die Bearbeitung verhindern.

6. Aus-Neutral-An

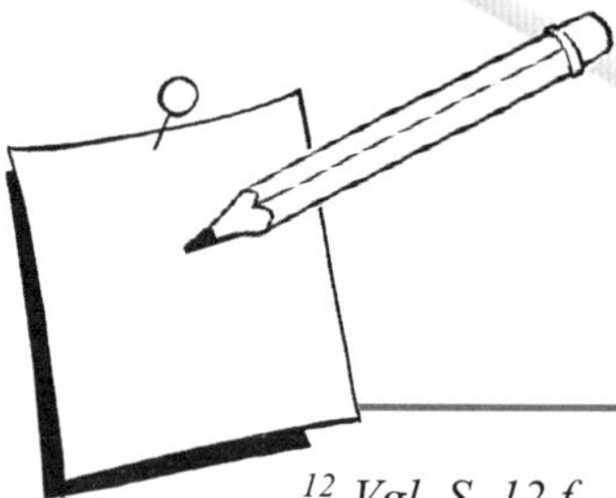

Kurzbeschreibung

Nähern Sie sich langsam und unauffällig einem abgelenkten Schüler. Stoppen Sie in dem Moment, in dem der Schüler den Atem anhält. Bleiben Sie in der Nähe des Schülers, bis er wieder an seiner Aufgabe ist und normal atmet. Entfernen Sie sich so, dass Sie nicht in seinem Blickfeld sind und er nicht genau weiß, ob Sie noch in seiner Nähe sind.

Ergänzungs- und Kombinationsmöglichkeiten

7, 18, 26, 27, 31

[12] *Vgl. S. 12 f.*

1 Ziel:

Sie wollen ohne Störung der Beziehung intervenieren und erreichen, dass sich jemand wieder auf seine Aufgabe konzentriert

2 Ausgangssituation, Maßnahmen und allgemeiner Nutzen:

In jeder Lerngruppe gibt es einige Problempersonen, die leicht abgelenkt sind. Oft sind dies kinästhetische Menschen, also Personen, deren Lernstil vor allem körperliches Betätigen erfordert. Unser Schulsystem ist jedoch auf diese Art zu Lernen nicht eingestellt: Dort legt man beim Lernen meist Wert auf wenig Bewegung, auf Ruhe und Konzentration.

Die Nähe des Lehrers bewirkt bei Kinästheten - jedoch nicht nur bei diesen - ein Verändern des Verhaltens. Was liegt also näher, als das körperliche Annähern gezielt einzusetzen - aber so, dass diese Absicht möglichst nicht erkannt wird.

Michael Grinder hat entdeckt, dass Schüler bei einer Annäherung des Lehrers drei Stadien durchlaufen können:

1. Das Anfangsstadium „AUS" bedeutet „abgelenkt".

2. Das Zwischenstadium „NEUTRAL" wird durch die Annäherung des Lehrers ausgelöst und bedeutet so etwas wie Leerlauf: Der Schüler ist auf „Hab-Acht-Stellung" - erkennbar am Anhalten des Atems.

3. Das erwünschte Endstadium „AN" bedeutet: Der Schüler ist wieder an seiner Arbeit - und atmet normal. Dieses Stadium wird jedoch nur erreicht, bleibt die Lehrkraft solange in der Nähe des Schülers, bis dieser normal atmet und sich wieder mit der Aufgabe beschäftigt. (Geht er zu früh, wechselt der Schüler wieder in den Zustand „AUS".)

4. Der Einsatz dieser verdeckten und nonverbalen Technikentspricht genau dem, was Michael Grinder mit Einfluss bezeichnet[12].

Grundsätzlich ist körperliche Annäherung ein sehr wichtiges Instrument, um die Aufmerksamkeit auf sich zu konzentrieren. Lehrer, Dozenten und Trainer, die während ihrer Veranstaltung im Raum herumgehen, signalisieren dadurch natürlich auch indirekt, wer ihnen - im wahrsten Sinn des Wortes - nahe steht und wer nicht. Diese Wanderer sollten daher stets darauf achten, ihre körperliche Präsenz möglichst gerecht im Raum zu verteilen. Dasselbe gilt natürlich für den Blickkontakt.

7. Von Macht zu Einfluss

Kurzbeschreibung

Nähern Sie sich seitlich, z. B. im Winkel von 45°. Bleiben Sie stehen, wenn der Schüler den Atem anhält. Atmen Sie dabei ruhig. Beobachten Sie den Schüler indirekt, während Sie sich die Arbeit eines anderen betrachten. Warten Sie auf das AN-Signal und entfernen Sie sich möglichst so, dass Sie dabei nicht beobachtet werden können.

Ergänzungs- und Kombinationsmöglichkeiten

6, 18, 26, 27, 31

[13] *Vgl. S. 12 f.*

1 Ziel:

Sie wollen Ihre Fähigkeiten verfeinern, jemand machtfrei zu veranlassen, sich wieder auf seine Aufgabe zu konzentrieren.

2 Ausgangssituation, Maßnahmen und allgemeiner Nutzen:

Die grundsätzlichen Fragen wurden beim vorhergehenden Muster „AUS - NEUTRAL - AN” behandelt. Hier geht es um Verfeinerungen bzw. um spezielle Verhaltensweisen, die den Eindruck von Macht verhindern.[13]

In diesem Zusammenhang muss jedoch betont werden: Verhalten an sich ist weder richtig noch falsch - es kann jedoch in bestimmten Kontexten angemessen oder nicht angemessen sein. Dies gilt selbstverständlich auch für alle unter den Machtansatz fallenden Verhaltensweisen. Es gibt daher durchaus Situationen, in denen man sich dieser Techniken bedienen muss. Wichtig ist dabei jedoch: Allen Beteiligten sollte klar sein bzw. klar gemacht werden, dass es sich um ein Ausnahmeverhalten handelt, das aufgrund bestimmter Umstände gewählt wurde. Selbst kleine Kinder können diese Zusammenhänge erkennen - besonders wenn das nachfolgende Verhalten beweist: Hier lag eine seltene und keinesfalls willkürliche Ausnahme vor. Die von Michael Grinder herausgearbeiteten nonverbalen Unterschiede zwischen Machtansatz und Einflussansatz sollten demzufolge nicht im Sinne von grundsätzlich falsch bzw. richtig interpretiert werden, sondern mehr im Sinne von normalerweise unangemessen bzw. angemessen:

Unter diesem Aspekt sollten Sie auch ganz bewusst testen, was diejenigen Verhaltensweisen auslösen, die in der Spalte Machtansatz zu finden sind: Sie finden nicht nur normale Situationen und sich stets normal verhaltende Schüler vor. Es kann auch vorkommen, dass Sie kurzzeitig auf einzelne dieser Verhaltensweisen zurückgreifen müssen: Warten Sie z. B. vergeblich auf das AN-Signal, können Sie dichter herangehen oder den direkten Blickkontakt suchen.

Verhaltensweisen des Lehrers beim Machtansatz	Verhaltensweisen des Lehrers beim Einflussansatz
Frontale, direkte Annäherung	*Seitliche, indirekte Annäherung*
Bleibt dicht neben dem Schüler stehen	*Bleibt in der Entfernung stehen, die das NEUTRAL-Signal auslöst*
Hält den Atem an	*Atmet normal*
Blickt in die Augen des Schülers	*Beobachtet den Schüler indirekt*
Wartet auf das NEUTRAL-Signal	*Wartet auf das AN-Signal*

Haben Sie es - wie in fast allen Seminaren und Trainings - mit Erwachsenen zu tun, sollten Sie grundsätzlich vorsichtig mit dem Einsetzen des Machtansatzes sein. Er ist in unserem Kulturkreis nur in wenigen Situationen erlaubt, z. B. bei eindeutig vorsätzlichem Stören.

8. Körperhaltung einfrieren: Verfeinerungen

Kurzbeschreibung

Stellen Sie sich vorn in den Raum. Verteilen Sie Ihr Gewicht gleichmäßig auf die parallel stehenden Füße und halten Sie die Arme seitlich parallel am Körper.
Sagen Sie Ihre Anweisungen bzw. Informationen möglichst kurz. Bewegen Sie sich dabei nicht.

Ergänzungs- und Kombinationsmöglichkeiten

1, 2, 9, 10, 12, 21

[14] *Auf das siebte Muster - das glaubhafte Stimmmuster - können wir hier nicht eingehen.*

1 Ziel:

Sie wollen mit einem glaubwürdigen Eindruck informieren und die Aufmerksamkeit möglichst ungeteilt auf sich konzentrieren .

2 Ausgangssituation, Maßnahmen und allgemeiner Nutzen:

Die 31 ENVoY-Muster Michael Grinders stellen nur einen Ausschnitt aus den von ihm zusammengetragenen nonverbalen Verhaltensmustern dar. Und so wundert es nicht, dass er im Laufe seiner intensiven Beschäftigung mit diesen Verhaltensweisen auf eine Vielzahl anderer Muster gestoßen ist, die sich gegenseitig ergänzen.

In seinen Seminaren zum Thema „Die Macht des Einflusses" vermittelt Michael Grinder inzwischen eine Art Makromuster unter dem Namen „glaubwürdige Haltung". Die glaubwürdige Haltung basiert zum einen auf den vier Vorschlägen zum Verfeinern der eingefrorenen Körperhaltung:

❶ Stehen Sie vorn im Raum, am besten auf einem dafür fest reservierten Platz.

❷ Stellen Sie die Füße parallel, Ihre Zehen zeigen also nach vorn.

❸ Verteilen Sie das Gewicht auf beide Füße.

❹ Geben Sie kurze verbale Anweisungen.

Als fünfte Ergänzung bezieht er inzwischen auch die Armhaltung mit ein:

❺ Halten Sie die Arme unbewegt parallel seitlich am Körper.

Bei dieser Armhaltung fühlen sich viele jedoch höchst unwohl, weil sie nicht wissen: Was tun mit den Händen? Ein Tipp Michael Grinders: Nehmen Sie einen Kugelschreiber in eine Hand und drehen Sie ihn nicht sichtbar leicht hin und her. Damit Sie später jedoch nicht unbewusst mit diesem Gerät auf Ihre Zuhörer zeigen, sollten Sie ihn in die nicht-dominante Hand nehmen (also in die Hand, mit der Sie nicht schreiben). Falls Sie sich auch dabei unsicher vorkommen: Bei der zweitbesten Armhaltung können Sie die Arme rechtwinklig beugen und die Hände vor der Taille übereinander legen. Auf jeden Fall aber: Halten Sie die Arme während Ihrer Anweisung still.

Sie können also einschließlich eingefrorener Haltung insgesamt sechs Muster variieren, um unterschiedlich glaubwürdige Eindrücke zu erwecken und die Aufmerksamkeit zu fokussieren.[14] Je nach Publikum müssen Sie entscheiden, was angemessen ist oder nicht: Bei Schülern der ersten Klassen wird man sich etwas lockerer geben können als bei Teenagern. Und bei diesen wiederum kommt man mit weniger Glaubwürdigkeit aus, als bei einem Vortrag vor Top-Managern.

9. Eröffnung mit visuellen Anweisungen

Kurzbeschreibung

Bereiten Sie Ihre Startanweisung visuell vor. Holen Sie sich die Aufmerksamkeit der Schüler. Besprechen Sie die Anweisung und modellieren Sie dabei das Verhalten, das Sie von den Schülern erwarten.

Ergänzungs- und Kombinationsmöglichkeiten

4, 8, 12, 20, 21, 22

1 Ziel:

Sie wollen ihre Schüler möglichst effizient in einen angemessenen mentalen Startzustand führen.

2 Ausgangssituation, Maßnahmen und allgemeiner Nutzen:

Da in deutschen Schulen die Lehrkräfte zu den Klassen gehen, können sie den Klassenraum meist nicht für einen optimalen Start vorbereiten. Im Normalfall müssen Sie daher zunächst die Aufmerksamkeit der Klasse holen, dann erst können Sie mit Ihrer Einstimmung beginnen.

Vom Grundsatz her gilt das bei Muster 4 „Anweisungen zu Überleitungen" bereits Gesagte: Gehen Sie grundsätzlich visuell vor. Verzichten Sie ganz auf mündliche Anweisungen. Vermeiden Sie das Anschreiben der Anweisungen während des Unterrichts, dies kostet Aufmerksamkeit und sollte Notfällen vorbehalten bleiben.

Vor allem aber: Beherzigen Sie den Ratschlag Michael Grinders und modellieren Sie das Verhalten, dass Sie gerade von den Schülern erwarten. Was aber bedeutet das konkret?

Wenn Sie wollen, dass Ihre Schüler sich mit Ihren schriftlichen Startanweisungen (den vorher angeschriebenen Aufgaben, Ihren Schildern oder Overhead-Folien) befassen, müssen Sie das auch tun. Halten Sie in diesem Moment Blickkontakt mit der Klasse, dürfen Sie sich nicht wundern, wenn die Mehrzahl Ihrer Schüler recht schnell den Blick wieder auf Sie richtet. Sollen sich die Schüler mit Ihren vorn hängenden schriftlichen Startanweisungen beschäftigen, müssen Sie diese auch ansehen. Dabei sollten Sie jedoch einen Platz einnehmen, an dem Sie die Anweisung und möglichst viele Schüler im Blick haben.

In Büchern zum Thema Overhead-Folien-Einsatz steht: Ein guter Referent blickt nicht auf seine Folien, sondern ins Publikum. Das ist grundsätzlich falsch: Denn dann blickt das Publikum sehr schnell wieder in die Augen des Referenten. Der Blickkontakt ist eines der mächtigsten Verhaltensmuster unserer Kultur. Wollen Sie, dass Ihre Zuhörer sich intensiv mit einem von Ihnen ausgehängten, angeschriebenen oder projizierten Inhalt beschäftigen, müssen Sie während dieser Zeit ebenfalls dorthin blicken. Ich verwende aus diesem Grund auch einen Laserpointer, um die Aufmerksamkeit der Teilnehmenden auf die wichtigen Inhalte einer Overheadfolie zu fokussieren. Steht man dabei an einer Seite des Raumes, dreht man seinen Zuhörern auch nicht den Rücken zu.

Verstoßen Sie einmal bewusst gegen diese Regel: Suchen Sie während der Präsentation einer Overheadfolie den Blickkontakt mit Ihrem Auditorium und achten Sie dann auf die Augen Ihrer Zuhörer. Sie sehen sehr schnell: Die meisten schauen nur kurz auf den Inhalt und wenden sich wieder Ihnen zu. Wenn dieser Stoff am Ende Ihrer Veranstaltung nicht mehr gewusst wird, dürfen Sie die Schuld auch bei sich suchen.

10. Unvollständige Sätze

Kurzbeschreibung

Brechen Sie einen Eingangssatz mitten im Wort ab. Machen Sie eine Pause und warten Sie auf die Reaktion der Klasse. Wiederholen Sie den Satz komplett.

Ergänzungs- und Kombinationsmöglichkeiten

1, 2, 3, 8, 21, 22

[15] *Vgl. Muster 2, S. 22.*

1 Ziel:

Sie wollen schnell die Aufmerksamkeit erhalten, um einen (noch) uninteressanten Stoff zu behandeln.

2 Ausgangssituation, Maßnahmen und allgemeiner Nutzen:

Bei einem interessanten Stoff bürgt bereits die Thematik für schnelle Aufmerksamkeit. Bei unbekannten oder uninteressanten Inhalten entfällt der inhaltliche Reiz. Sie müssen also nonverbal für Aufmerksamkeit sorgen.

Dies geschieht mit der Technik der unvollständigen Sätze: Sie beginnen Ihren Einleitungssatz und brechen diesen mitten in einem Wort ab. („Wir werden uns jetzt mit ...", „Heute fang ...".) Durch die dadurch entstehenden Musterunterbrechung gewinnen Sie die Aufmerksamkeit Ihrer Zuhörenden.[15]

Dieses Muster kombinieren Sie am besten mit den Mustern 1 und 2: Setzen Sie „Lauter - Pause - Flüstern" sowie „Körperhaltung einfrieren" ein. Beginnen Sie den Satz laut, brechen Sie ab, machen Sie eine Pause mit eingefrorener Körperhaltung, beobachten Sie die Gruppe und sagen Sie dann den Satz mit leiser Stimme komplett ganz von vorn.

Diese Kombination eignet sich in allen Ausbildungs-, Seminar- und Trainings-Situationen, in denen Sie die Aufmerksamkeit neu fokussieren möchten.

11. Positive Kommentare

Kurzbeschreibung

Entscheiden Sie sich in Abhängigkeit von der Situation für die passendste Form eines Lobes und äußern Sie es.

Ergänzungs- und Kombinationsmöglichkeiten

12, 13, 18, 19, 28, 31

[16] Wer erleben durfte, wie Michael Grinder in seinen Seminaren nach Aufgaben und Rollenspielen die Teilnehmenden coacht, weiß, dass dies durchaus machbar ist.

1 Ziel:

Sie wollen mit Hilfe von Lob motivieren und erreichen, dass bestimmte Verhaltensweisen als Modell dienen.

2 Ausgangssituation, Maßnahmen und allgemeiner Nutzen:

Lob ist eines der stärksten Motivationsmittel: Es verhilft zu wertvollem Feedback beim Lernen und es stärkt das Selbstvertrauen.

Die Einstellung zum Lob ändert sich jedoch mit zunehmendem Alter: Nach dem vierten Schuljahr und bei Erwachsenen muss man vorsichtig damit umgehen, da Lob manchmal auch als Abweichung von einer Art Gruppennorm negativ interpretiert werden kann, die weder der Gelobte noch die Gruppe mag. Das ist vor allem auch dann der Fall, wenn man ein und dieselbe Person zu häufig lobt.

Diesem Problem kann man durch folgende Techniken aus dem Weg gehen:

1. Man lobt nicht Personen, sondern Verhaltensweisen bzw. Prozesse. („Ich finde diesen Rechengang / Ansatz / Vorschlag sehr gut, denn ...")

2. Man lobt nicht persönlich, sondern allgemein. („Dieser / diese ... ist sehr gut, denn ...")

3. Man lobt keine Einzelnen, sondern Gruppen bzw. Gruppenlösungen. („Diejenigen, die diesen ... gefunden haben, können mit sich sehr zufrieden sein, denn ...")

4. Am wichtigsten dürfte jedoch sein: Man schafft eine offene und neidlose Lobkultur, indem man permanent selbst dafür sorgt, dass Kritik konstruktiv ist, sich im Rahmen des subjektiv Machbaren bewegt und stets auch einen Blick für das hat, was gelungen ist. Niemand macht immer alles falsch.[16]

Wie bereits gesagt: Die Einstellung zum Lob ändert sich in unserer Kultur mit zunehmendem Alter. Einerseits überträgt man in Workshops, bei denen es um überwiegend sachliche Probleme geht, nicht sofort das Lob einer (sachlichen) Alternative auf dessen Autor. Andererseits kann man dies jedoch nicht ganz verhindern; vor allem dann nicht, wenn sich das Lob bei einer Person häuft und diese dass vielleicht sogar mehr oder weniger offen einfordert. Vorsicht ist also immer geboten.

In seinen Seminaren setzt Michael Grinder das Loben noch aus einem anderen Grund ein: Er möchte bestimmte Personen besser in die Gruppe einbinden. Da niemand immer alles falsch macht, lobt er daher auch gezielt diejenigen Personen, die nicht oder nur selten die Aufmerksamkeit der Gruppe erregen.

12. Entgiften des Klassenzimmers

Kurzbeschreibung

Ermitteln Sie Ihre regelmäßig wiederkehrenden Aufgaben. Wählen Sie dafür geeignete Plätze im Raum. Legen Sie fest, mit welcher Stimme, Gestik und Mimik Sie an diesen Orten Ihre Aufgabe ausführen.

Ergänzungs- und Kombinationsmöglichkeiten

2, 3, 4, 5, 8, 9, 11, 13, 14, 15, 17, 20, 21, 22, 23, 29, 30

[17] *Auf dieses Phänomen sind wir bereits in der Einleitung ausführlich eingegangen.*

1 Ziel:

Sie wollen bestimmte Erwartungs- bzw. Reaktionshaltungen Ihrer Schüler effizienter induzieren.

2 Ausgangssituation, Maßnahmen und allgemeiner Nutzen:

Im Tagesablauf eines Lehrers gibt es verschiedene Tätigkeiten die sich mehr oder weniger oft wiederholen: Loben, Disziplinieren, Anweisungen ausgeben, Fragen zu Anweisungen beantworten, Diskussionen leiten, offene Fragestunde u. v. m.

Menschen lernen in und mit Kontexten.[17] Deshalb kann man durch das systematische Koppeln einer bestimmten Tätigkeit mit einem bestimmten Kontext dafür sorgen, dass jemand allein durch das Schaffen eines bestimmten Kontextes die damit gekoppelte Tätigkeit erwartet. Seit Pawlows berühmten Experiment spricht man auch von einem bedingten Reflex: Pawlow hatte das Füttern eines Hundes mit dem Läuten einer Glocke gekoppelt. Nach einiger Zeit genügte die Bedingung „Läuten der Glocke", um beim Hund den Reflex „Speichelsekretion" auszulösen. In neuerer Zeit wird auch der Begriff Anker bzw. Ankern verwendet. So ist bei vielen Menschen ein ganz bestimmtes Musikstück mit einem ganz bestimmten Erlebnis geankert bzw. ist das Musikstück der Anker oder Auslöser einer bestimmten Erinnerung. Jeder Talisman ist ein Anker. Und Schüler erkennen z. B. sehr schnell, dass eine bestimmte Tonlage und Lautstärke der Lehrerstimme mit einem bestimmten emotionalen Zustand geankert ist.

Zum Anker eignen sich die unterschiedlichsten Dinge: Man kann Tätigkeiten ankern mit einem Zeigestock, Klassenbuch oder Overhead-Projektor. Man kann die Stimmlage und eine bestimmte Gestik oder Mimik dazu verwenden. Von großem Vorteil sind jedoch die sogenannten Raumanker: Sie können nicht abhanden kommen, sind gut erkennbar und lassen sich gut mit anderen nonverbalen Signalen koppeln.

Einen Raumanker richten Sie ein, wenn Sie zum Ausüben einer bestimmen Tätigkeit - z. B. Ausgabe einer neuen Anweisung - stets denselben Platz aufsuchen. Nach einiger Zeit genügt das Aufsuchen des Platzes um bei Ihren Schülern die Erwartungshaltung „Jetzt kommt etwas Neues" auszulösen. Je systematischer Sie dabei Stimme, Gestik und Mimik einsetzen, umso spezifischere Erwartungen löst das Aufsuchen dieses Platzes aus - und umso schneller erlangen Sie diesbezüglich eine unbewusste Kompetenz: Denn natürlich ankern Sie sich dadurch auch selbst und lösen bei sich bestimmte Zustände und Verhaltensweisen aus.

Der von Michael Grinder gewählte Begriff „Dekontaminieren bzw. Entgiften des Klassenzimmers" bedeutet: Wenn Sie die unliebsamen aber notwendigen Tätigkeiten stets nur an bestimmten Plätzen im Raum ausführen, sorgen Sie für eine saubere „emotionale Buchhaltung" und verhindern, dass Ihr normaler Unterricht durch das unbewusste Auslösen negativer Anker resp. Erinnerungen beeinträchtigt wird.

Raumanker funktionieren auch hervorragend bei Vorträgen: Wenn Sie über die Einwände, Risiken und Nachteile eines Projektes nicht an Ihrem normalen Vortragsplatz berichten, sondern dafür einen anderen Platz aufsuchen, vergiften Sie nicht den Rest Ihres Vortrags.

13. Unterbrechen & Atmen

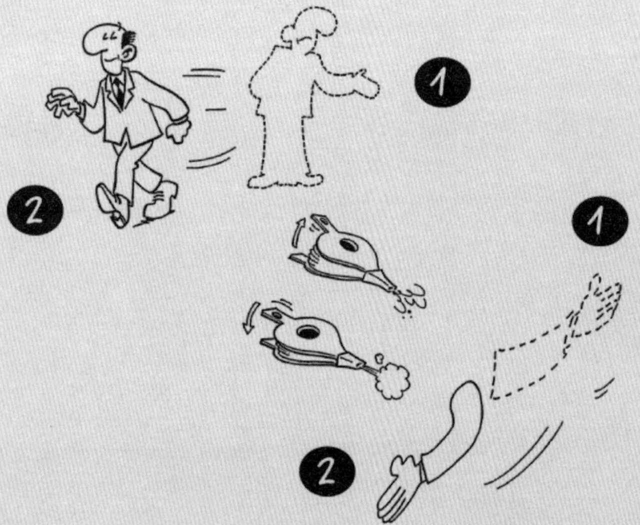

Kurzbeschreibung

Frieren Sie am Ende einer Maßnahme Ihre Haltung für eine Pause von mindestens 3 Sekunden ein. Versuchen Sie bereits während dieser Pause zu atmen. Verändern Sie dann plötzlich und deutlich Ihre Körperhaltung. Atmen Sie dabei tief durch. Fahren Sie dann mit normaler Stimme fort.

Ergänzungs- und Kombinationsmöglichkeiten

1, 11, 12, 25, 26

[18] *Vgl. dazu die Ausführungen zu Macht und Einfluss auf S. 12 f. sowie bei Muster 6 und 7, S. 30 ff.)*
[19] *Dies entspricht einem Dekontaminieren (vgl. Muster 12, S. 42).*

1 Ziel:

Sie wollen ein sauberes Trennen verschiedener mentaler Zustände bei sich und anderen erreichen.

2 Ausgangssituation, Maßnahmen und allgemeiner Nutzen:

Laut Michael Grinder ist dieses Muster die „absolut wichtigste Stressmanagementtechnik". Warum? Es gibt Situationen im Unterricht, da muss eine Lehrkraft zu außergewöhnlichen Disziplinierungsmaßnahmen greifen, um die Kontrolle zu behalten.[18] Dazu können gehören: Einsatz von Macht zum Disziplinieren einzelner, extremes Anheben der Lautstärke eventuell gekoppelt mit streng wirkender Mimik und Gestik und - im Notfall - Schreien.

Alle diese und ähnliche Maßnahmen verändern den mentalen Zustand z. T. drastisch - sowohl bei Ihnen als auch bei den Lernenden. Aber niemand kann Interesse daran haben, dass dieser Zustand länger als unbedingt erforderlich andauert und den Rest des Unterrichts beeinträchtigt. Mit Hilfe des Musters „Unterbrechen & Atmen" erreichen Sie ein sauberes Ende:

❶ Die beste Möglichkeit, den eigenen emotionalen Zustand zu verändern, ist eine deutliche Körper bewegung. Nachdem Sie Ihre Maßnahme durchgeführt und sich mehr oder weniger dabei erregt haben, machen Sie eine kurze Pause von mindestens 3 Sekunden mit eingefrorener Haltung. Das Beste wäre, Sie atmen bereits in dieser Pause tief durch. Daran denkt man jedoch anfangs so gut wie nie. Auf jeden Fall aber müssen Sie mehrfach tief ein- und ausatmen, wenn Sie am Ende dieser Pause Ihre Haltung abrupt und deutlich unterbrechen bzw. verändern. Sehr gut ist dabei, wenn Sie sogar einen oder mehrere Schritte machen - weg von dem Ort Ihrer Maßnahme.[19]

❷ Diese Aktion bewirkt zugleich etwas anderes: Die Schüler trennen aufgrund Ihres Manövers die (alte) Machtposition von der (neuen) Helferposition. (Grinder ist sogar der Meinung, dass eine Amnesie entwickelt wird: Man vergisst, dass die Disziplinierung überhaupt stattgefunden hat.)

Grundsätzlich kann man sagen: Das Muster „Unterbrechen & Atmen" ist immer dann geeignet, wenn es darum geht, mentale Zustände voneinander zu trennen: in Workshops, Seminaren und Zweiergesprächen, im Stehen und im Sitzen. Diese Zustände müssen nicht immer so extrem sein, wie in den obigen Beispielen. Sie können damit z. B. auch verschiedene Abschnitte eines Vortrags voneinander trennen, Ihre Reaktion auf eine Störung oder ungeplante inhaltliche Einschübe vom übrigen Inhalt abgrenzen. Das Ausmaß Ihrer Körperveränderung hängt selbstverständlich davon ab, wie stark man sich in dem vorangegangenen Abschnitt emotional engagiert hat.

14. Gelbe Ampel

Kurzbeschreibung

Erinnern Sie Ihre Schüler so rechtzeitig an einen bevorstehenden Wechsel der Arbeitsform, dass sie sich entsprechend darauf vorbereiten oder einstellen können.

Ergänzungs- und Kombinationsmöglichkeiten

12, 16

1 Ziel:

Sie wollen proaktiv dafür sorgen, dass ein Aufmerksamkeits- oder Tätigkeitswechsel möglichst störungsfrei erfolgen kann.

2 Ausgangssituation, Maßnahmen und allgemeiner Nutzen:

Aus den verschiedensten Gründen sind Schüler oft nicht damit einverstanden oder überrascht, dass nun etwas Neues kommt: Sie waren zu sehr in Ihre Arbeit vertieft, haben die Zeit aus den Augen verloren, finden den bisherigen Inhalt einfach höchst interessant, konnten sich noch nicht melden oder beteiligen usw. In allen diesen und ähnlichen Fällen würde der Versuch eines abrupten Wechsels mehr oder weniger große Proteste bei den Betroffenen, Unruhe und Zeitverlust auslösen.

Das Muster „Gelbe Ampel" besagt schlicht und einfach: Weisen Sie proaktiv und rechtzeitig darauf hin, dass nach einer bestimmten Zeit mit einer Änderung der Arbeitsform zu rechen ist: „Ich beantworte jetzt noch drei Fragen, dann ...", „ Ich nehme jetzt noch Hans, Inge und Uwe dran, dann ...", „Sie haben noch 10 Minuten Zeit, dann ...", „In 5 Minuten hören Sie bitte auf und ... ",

Das proaktive Ankündigen ist in allen Altersklassen überaus nützlich: Beim abendlichen Vorlesen oder Vorsingen („Jetzt noch ein Märchen / Lied, dann ist Schluss."), in Schule und Hochschule (siehe oben), im Beruf („Auf der heutigen Sitzung können wir nur noch ... , die anderen Punkte müssen wir ...) und Alltag („Mein Schatz, heute schaffe ich nur noch ..., wie sieht es aus, wenn wir ...").

Der Nutzen dieser Technik ist grundsätzlich groß: Sie zeigt Respekt vor anderen und ermöglicht deren eigenständiges Vorbereiten bzw. Mitarbeiten.

15. Melden oder Zurufen: Verfeinerungen

Kurzbeschreibung

Bei Themen mit hohem Interesse sagen Sie zuerst die Form der Beantwortung an und dann den Frageinhalt. Bei Themen mit niedrigem Interesse sagen Sie zuerst den Inhalt der Frage an und dann die Form der Beantwortung.

Ergänzungs- und Kombinationsmöglichkeiten

3, 12

1 Ziel:

Sie wollen die geeignetste Form zum Ankündigen der gewünschten Interaktionsart einsetzen.

2 Ausgangssituation, Maßnahmen und allgemeiner Nutzen:

Stellt eine Lehrkraft Fragen zum Beantworten durch die Klasse, hat er zwei Möglichkeiten:

❶ Er sagt zunächst den Inhalt der Frage („Wer weiß, was ...") und danach die Form der Beantwortung („Bitte meldet Euch.", „Alle zusammen" oder „Ich rufe Euch auf".)

❷ Oder er teilt zuerst die Form der Beantwortung mit und dann den Inhalt der Frage.

Der Vorschlag ❶ wird zwar üblicherweise empfohlen, er hat jedoch einen großen Nachteil. Handelt es sich um ein für die Schüler hoch interessantes Thema, kommt die Lehrkraft in der Regel gar nicht mehr zum Ansagen der Interaktionsart: Viele Schüler platzen bereits mit der Antwort heraus. Andererseits ist das Ankündigen der Interaktionsart an erster Stelle auch nicht immer geeignet: Informiert man eine Gruppe zuerst darüber, dass man sich melden soll, gehen bei einem uninteressanten oder schwierigen Thema sehr viele gleich „auf Tauchstation".

Man sollte daher nach folgender Richtlinie verfahren: Bei Themen mit hohem Beteiligungsinteresse wird zuerst die Form der Beantwortung und dann der Frageinhalt angesagt. Bei Themen mit niedrigem Beteiligungsinteresse sagt man zuerst den Inhalt der Frage und dann erst die Form der Beantwortung.

Hat man es mit Erwachsenen zu tun, ändert sich nur graduell etwas: Erwachsene sind zwar grundsätzlich weniger impulsiv; das ist jedoch nur eine Frage des persönlichen Interesses. Fast alle Menschen haben ein Thema, mit dem man sie aus der Reserve locken und zu vorschnellen Reaktionen provozieren kann. Die hier vorgeschlagene Technik hilft also auch in Gruppen aus Erwachsenen.

16. Mehr nonverbale Signale

Kurzbeschreibung

Sammeln Sie gezielt Ihre nonverbalen Signale zur Prozesssteuerung, interpretieren, verbessern und ergänzen Sie diese. Sammeln Sie gezielt Ihre (noch) verbalen Anweisungen zur Prozesssteuerung und übersetzen Sie diese in nonverbale Signale.

Ergänzungs- und Kombinationsmöglichkeiten

4, 5, 14, 21, 22, 28, 29, 30

1 Ziel:

Sie wollen nonverbale Signale entwickeln, damit die verbale Kommunikation der Vermittlung des Unterrichtsinhalts vorbehalten bleibt.

2 Ausgangssituation, Maßnahmen und allgemeiner Nutzen:

In unseren Ausführungen zum kontextabhängigen Lernen im Zusammenhang mit Muster 12 „Entgiften des Klassenzimmers" und Muster 13 „Unterbrechen & Atmen" haben wir bereits darauf hingewiesen, dass eine saubere Trennen von mentalen Zuständen für alle Beteiligten nur von großem Vorteil ist; u.a. auch deshalb, weil man „normale" Inhalte nicht mit „unnormalen" vergiftet.

Nun besteht eines der zentralen Anliegen von Michael Grinder darin, die nonverbalen Signale zum Steuern des Unterrichtsprozesses einzusetzen und damit die verbale Kommunikation einschließlich Stimme für das Vermitteln des Inhalts zu reservieren. Natürlich - und auch das haben wir bereits gesehen - gibt es dabei hin und wieder Ausnahmen. Grundsätzlich kann man jedoch sagen: Diese Trennung sorgt dafür, dass die Stoffvermittlung und das dazu wichtigste Instrument - die Stimme - nicht durch Disziplinierungsmaßnahmen „vergiftet" werden.

Das Entwickeln eigener aussagekräftiger nonverbaler Signale zur Prozesssteuerung dient also nicht nur einem störungsfreieren Ablauf. Es sorgt auch gleichzeitig dafür, dass verbale Kommunikation und Stimme fast ausschließlich mit Stoff bzw. Inhalt assoziiert werden bzw. geankert sind.

Grundsätzlich sollten Sie bedenken: Nonverbale Signale sind nicht nur Gestik oder Mimik. Alle Geräte und Vorrichtungen im Raum lassen sich für bestimmte Signale bzw. Anker verwenden: das Licht bzw. der Lichtschalter, Schwamm, Zeigestock, Unterlagen. Natürlich können Sie sich auch spezielle Objekte anschaffen oder selbst basteln: Pappuhren, Klingeln, Schilder, Fahnen usw.

Beobachten Sie Ihre Schüler aufmerksam, finden Sie auch sogenannte natürliche Anker in Ihrem eigenen Verhalten. Michael Grinder beschreibt so einen Anker: Die Lehrerin bemerkt, dass die Schüler beim Einschalten des Overhead-Projektors ihren Stift in die Hand nehmen, um Notizen zu machen. Nach den Notizen spielen Sie jedoch mit dem Stift herum. Die Lehrerin schließt daraus, den Projektor abzuschalten, wenn die Notizen gemacht wurden. Dadurch wird der eingeschaltete Projektor zu einem eindeutigen Anker für „Seid aufmerksam!"

Natürlich ist das „Implantieren" nonverbaler Signale leichter, wenn man es - wie in der Schule - mit stets denselben Teilnehmenden zu tun hat. Unterschätzen Sie jedoch nicht das unbewusste Erlernen dieser Codes auch in Gruppen, die nur für ein bis zwei Stunden, oder für einen bzw. einige wenige Tage zusammen sind. Je systematischer und deutlich wahrnehmbarer Sie vorgehen, umso schneller erlernt man Ihre Signale. Die Musik ist ein sehr gutes Beispiel dafür, wie schnell man auch in kurzer Zeit nonverbale Signale zum Schaffen bestimmter Erwartungshaltungen bzw. zum Trennen von mentalen Zuständen vermitteln kann: Alle Teilnehmenden bekommen rasch mit, wenn Sie mit Hilfe speziell ausgewählter Stücke bestimmte Seminarphasen kennzeichnen (z. B. Beginn und Ende von Pausen, Beginn und Prozess von Einzel- oder Teamarbeit, aktives oder passives Erholen).

17. Überlappen

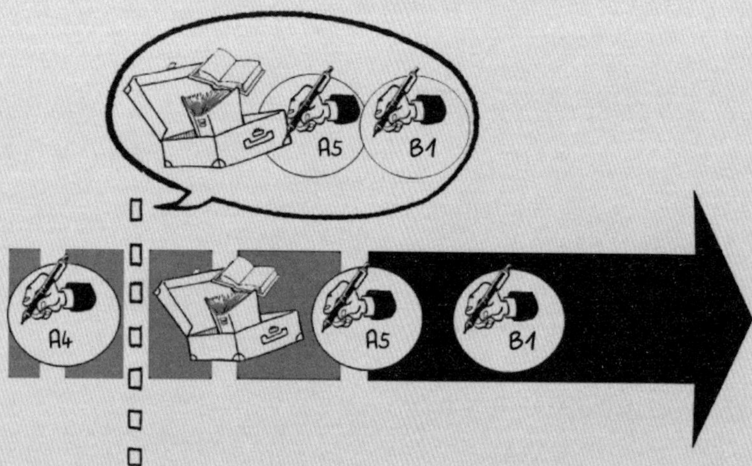

Kurzbeschreibung

Ziehen Sie stark störende Überleitungsmaßnahmen für spätere Aktivitäten vor und koppeln Sie sie mit Überleitungsmaßnahten, die Sie im Moment durchführen.

Ergänzungs- und Kombinationsmöglichkeiten

9, 12, 21, 22

1 Ziel:

Sie wollen proaktiv dafür sorgen, dass Übergänge zu anderen Aktivitäten weitgehend störungsfrei ablaufen.

2 Ausgangssituation, Maßnahmen und allgemeiner Nutzen:

Üblicherweise hängt die Zahl der normalen Unterbrechungen im Unterricht von der Zahl der Wechsel von einer Aktivität zur anderen ab. Ob und wie stark die Konzentration der Klasse jeweils darunter leidet, bestimmt sich danach, ob z. B. die Schüler andere Unterlagen herausholen müssen bzw. ausgehändigt bekommen oder ob die Lehrkraft andere Geräte oder Hilfsmittel einsetzen will.

Eine einfache Möglichkeit, die Konzentration bei einem Wechsel nicht allzu stark zu stören, besteht im Vorholen der mit Bewegungen verbundenen Maßnahmen: Wenn Sie gerade am Ende von Aktivität A sind und die nächste Aktivität B erklären oder Punkte dazu diktieren, können Sie diesen Wechsel der Aufmerksamkeit auch gleich dazu nutzen, die bei der übernächsten Aktivität C erforderlichen konzentrationsstörenden Maßnahmen zu erledigen: Bereits jetzt lassen Sie die dazu erforderlichen Unterlagen herausholen, hängen eine neue Karte auf (allerdings noch verdeckt) oder stellen den Overhead-Projektor auf. (Selbstverständlich bereiten viele Lehrkräfte ihren Unterricht bereits mit der Frage vor: „Was alles kann ich bereits zu Beginn meiner Stunde vorbereiten, damit es später nicht die Konzentration stört?")

Michael Grinder weist in diesem Zusammenhang allerdings auf einen wichtigen Aspekt hin: Unser Bemühen, störende körperliche Bewegungen möglichst zu reduzieren, trifft unsere kinästhetischen Schüler. Man sollte also auch im Auge haben, dass Unterbrechungen für einen Teil unserer Klasse die Chance enthalten, sich einmal kurz und erlaubt zu bewegen.

Das Überlappen ist eine Maßnahme, die sich grundsätzlich immer dann anbietet, wenn man mit einer Gruppe arbeitet, die Arbeitsform wechselt und neue Aufgaben ansagt. Ganz besonders wichtig ist diese Technik, wenn verschiedene Arbeitsteams gebildet wurden. Diese ergreifen beim zu frühen Ankündigen der mit Bewegung verbundenen Aktivitäten schnell die Initiative und verursachen große Unruhe.

18. Körper nah, Augen fern

Kurzbeschreibung

Halten Sie sich möglichst nicht dort auf, wo Sie ohnehin die Aufmerksamkeit besitzen. Suchen Sie die körperliche Nähe der Personen, bei denen Ihre Anwesenheit zusätzliche Aufmerksamkeit bewirkt.

Ergänzungs- und Kombinationsmöglichkeiten

6, 7, 11, 19

[20] *Vgl. S. 12.*

1 Ziel:

Sie wollen ohne Störung der Beziehung erreichen, dass sich jemand (wieder) auf den Unterricht konzentriert.

2 Ausgangssituation, Maßnahmen und allgemeiner Nutzen:

In den Mustern 6 und 7 wurde beschrieben, wie Sie einzelne Schüler machtfrei dazu bringen, sich während einer Einzelarbeit wieder auf ihre Aufgabe zu konzentrieren. Mit dem Muster 19 „Körper nah, Augen fern" wollen wir dasselbe während des normalen Unterrichts erreichen.

Das Wirkungsprinzip ist in allen Fällen dasselbe: Die körperliche Annäherung eines Menschen verändert unseren Aufmerksamkeits-Fokus und unser Verhalten.

Wenn Sie sich während der Präsentation im Raum bewegen und sich dabei oft in der Nähe der kinästhetischen Schüler aufhalten, sorgen Sie dafür, dass diese etwas erhalten, auf dass sie mehr Wert als andere legen: körperliche Nähe. Natürlich reduziert Ihre Nähe damit auch automatisch unliebsames Verhalten.

Leider haben wir alle aber eine Gewohnheit, die diese Vorteile aufhebt: Stellt jemand eine Frage, nähern wir uns dieser Person, um die Beziehungsebene zu pflegen. Nun besteht aber häufig ein direkter Zusammenhang zwischen der Meldehäufigkeit einer Person und ihrem Interesse am Unterricht. Wir befinden uns daher meist in der Nähe der Lernenden, bei denen unsere körperliche Nähe keine Verhaltensänderung bewirken muss. Dasselbe gilt, wenn wir jemand aufrufen: Wir nähern uns ihm, diese Annäherung bewirkt jedoch nicht viel mehr als das Aufrufen: Wir besitzen seine Aufmerksamkeit bereits.

Machen Sie es sich daher zur neuen Gewohnheit, Ihren Körper nicht dahin zu bewegen, wo Sie die Aufmerksamkeit ohnehin besitzen: Gehen Sie dahin, wo Ihre Nähe etwas Zusätzliches bewirkt.

Das kann u.a. bedeuten: Bevor Sie einen Schüler aufrufen, gehen Sie an die Stelle in der Klasse, wo Ihre Anwesenheit nützlicher ist. Und bevor Sie einen sich meldenden Schüler aufrufen, bewegen Sie sich von ihm fort. Letzteres setzt allerdings voraus: Sie haben noch keinen direkten Blickkontakt mit ihm, sondern haben sein Melden aus den Augenwinkeln heraus wahrgenommen. Eine andere Möglichkeit wäre: Sie signalisieren diesem Schüler nonverbal „Einen kleinen Moment, dann bist Du dran!", setzen Ihren Lehrvortrag fort und bewegen sich dabei zu den Schülern mit geringerem Aufmerksamkeitspegel.

Das gezielte Einsetzen der körperlichen Nähe wirkt in allen Veranstaltungen, Seminaren, Workshops und Trainings - vorausgesetzt, die Sitzanordnung lässt dies zu. Vorlesungen besitzen unter diesem Aspekt einen erheblichen Nachteil: Die unaufmerksameren Studenten sitzen meist in den letzten Reihen, stören teilweise auch die anderen und sind durch körperliche Nähe nicht zu disziplinieren. Die eleganteste Methode entfällt, es bleiben nur die drei weniger eleganten übrig.[20]

19. Verbaler Rapport mit „schwer ereichbaren" Schülern

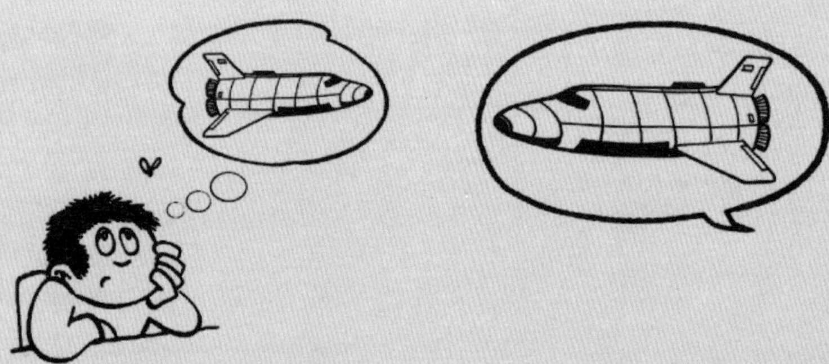

Kurzbeschreibung

Erkunden Sie die Themen, die für schwer motivierbare Schüler interessant sind, und bauen Sie diese in Ihren Unterricht ein.

Ergänzungs- und Kombinationsmöglichkeiten

2, 11, 18

---

[21] Dies ist der einzige Punkt, an dem wir nicht nur über den Ansatz von Michael Grinder hinausgehen, sondern auch einen anderen Erklärungsansatz bieten: Wir sind der Meinung, dass sich die „rechtshemisphärische" Orientierung eines Schülers weniger auf den Inhalt als auf die Form des Unterrichts auswirkt. Der Inhalt ist in erster Linie von den persönlichen Motiven abhängig.

[22] Damit ist diese Technik natürlich kein nonverbales, sondern ein verbales Muster.

Fortsetzung auf der nächsten Seite

❶ Ziel:

Sie wollen besonders schwer zu motivierende Schüler stärker in den Unterricht einbinden.

❷ Ausgangssituation, Maßnahmen und allgemeiner Nutzen:

Die Motivation ihrer „schwer erreichbaren" Schüler hängt u.a. von den folgenden beiden Punkten ab: ❶ Von der Art, wie diese sich selbst motivieren, und ❷ von der Art, wie diese lernen bzw. wie Sie unterrichten.[21]

❶ Schüler motivieren sich unterschiedlich: Ein kleiner Anteil der Schüler zeichnet sich durch eine sogenannte intrinsische Motivation aus: Äußerliche Anreize wie die Autorität oder das Lob des Lehrers, Noten für Arbeiten und in Zeugnissen bewirken bei ihnen nur wenig. Ein etwas größerer Teil ist intrinsisch motiviert, prüft das jedoch anhand externer Informationen wie Lob, Zustimmung oder Noten. Der größte Teil aber ist extrinsisch motiviert: Er orientiert sich überwiegend am Feedback aus dem Umfeld, macht also das, was die Lehrkraft für wichtig hält.

❷ Intrinsisch motivierte Schüler entscheiden allein, was für sie gut und schlecht ist. Deshalb laufen Sie zur Höchstform auf, handelt es sich um Themen, die sie für wichtig halten, für die sie sich interessieren, an denen sie Spaß haben. Daher ist der einfachste und sicherste Motivationsansatz für diese Art von Schüler: Behandeln Sie auch diejenigen Themen, die aus Sicht dieser Schüler wichtig sind.[22]

Die von Michael Grinder als „rechtshemisphärisch orientiert" bezeichneten Schüler können auch aufgrund der normalen Unterrichtsform gelangweilt sein: Sie möchten handeln, tun, erproben, denn sie haben einen anderen Lernstil. Wollen Sie diese Schüler erreichen, müssen Sie Art der Wissensvermittlung und -erarbeitung verändern.[23]

Das zum Thema Motivations- und Lernstil Gesagte gilt natürlich auch bei Erwachsenen. Während das Berücksichtigen unterschiedlicher Lernstile unabhängig von den jeweiligen Teilnehmenden und sogar bereits im Planungsstadium erfolgen kann[24], erfordert ein Berücksichtigen der Motivation von einzelnen Teilnehmenden gezielte persönliche Informationen, die oft nicht beschafft werden können. Hinzu kommt, dass man es gerade bei innerbetrieblichen Seminaren auch mit einem gewissen Anteil an Personen zu tun hat, die nicht freiwillig gekommen wären. Da sich am vorgegebenen Thema eines Seminars oder Trainings aus verständlichen Gründen jedoch nur wenig ändern lässt, bleibt als einziges - allerdings sehr erfolgreiches - Mittel das Verändern des Lehr- und Trainingsprozesses. Spaß beim Lernen und sichtbare Erfolge sind mit die besten Motivatoren.[25]

[23] *Auf das Motivieren mit Hilfe unterschiedlicher Lehrstile gehen wir hier nicht ein. Eine Vielzahl von Hinweisen zu diesem Thema ist in folgendem Buch enthalten: Colin Rose und Malcolm J. Nicholl: Der totale Lernerfolg, Landsberg am Lech, 1998. Dort finden Sie auch detaillierte Angaben zu den individuellen Lern- bzw. Lehrstilen. In Kapitel E gehen wir kurz auf dieses Buch ein.*

[24] *Vgl. dazu die vorangehende Fußnote.*

[25] *Genau dies erreicht man mit den im Kapitel E kurz beschriebenen Methoden und Techniken des aktivierenden Lernens.*

20. Aktivierende Wörter zuletzt

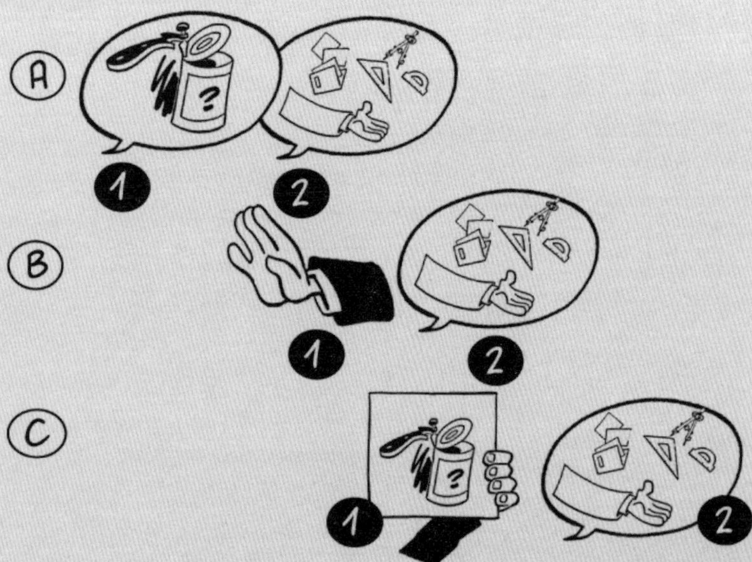

Kurzbeschreibung

Erfassen Sie alle Instruktionen bzw. Aktivitäten, die zum Ausführen der ausgeteilten Aufgaben erforderlich sind und deren Ausführung die Aufmerksamkeit stören könnte. Achten Sie strikt auf die richtige Reihenfolge: Zuerst der Aufgabeninhalt, dann die Instruktionen zum Ausführen.

Ergänzungs- und Kombinationsmöglichkeiten

1, 2, 9, 12,

❶ Ziel:

Sie wollen Anweisungen weitestgehend frei von störenden Reaktionen der Schüler vermitteln.

❷ Ausgangssituation, Maßnahmen und allgemeiner Nutzen:

Anweisungen für Schüler bestehen häufig aus zwei Teilen: In einem werden Thema oder Inhalt einer Aufgabe mitgeteilt; ein anderer betrifft die Instruktionen für dazu erforderliche Aktivitäten, wie z. B. etwas aufstellen, vorbereiten, aufschlagen oder herausholen. Da diese Aktivitäten nicht nur von der eigentlichen Aufgabe ablenken, sondern auch Lärm und Unruhe verbreiten, sollte man die Anweisungen so formulieren, dass die Übermittlung des Aufgabeninhalts weitgehend störungsfrei erfolgen kann. Michael Grinder schlägt folgende Möglichkeiten vor:

❶ Sagen Sie die erforderlichen Aktivitäten bzw. die aktivierenden Wörter erst an, nachdem der Inhalt der Aufgabe übermittelt worden ist.

❷ Zeigen Sie durch eine nonverbale Geste (z. B. eine erhobene Handfläche) ein „Stop“ an, während Sie die erforderliche Aktivität erläutern. Sie können das auch durch Zusätze verbal unterstreichen, wie z. B. „Wen ihr gleich (nachher, in wenigen Minuten) ...“.

❸ Vermitteln Sie den Aufgabeninhalt zunächst nur visuell; erst danach sagen Sie an, was zu tun ist.

Mit dem Problem vorschnell reagierender Gruppenmitglieder haben alle Ausbilder, Seminarleiter und Trainer zu kämpfen. Neben den bereits genannten Tätigkeiten wie Aufschlagen oder Herausholen gibt es noch andere Instruktionen: das Bilden neuer Teams, das Notieren von Anweisungen, das Besorgen von Material für die Gruppenarbeit, das Aufsuchen spezieller Räume für die Teams u. v. m. Sagt man die Instruktionen vor der Aufgabe, steigt sofort der Geräuschpegel im Raum und verhindert das Übermitteln des Aufgabeninhalts.

21. Anweisung zur Überleitung: Verfeinerungen

Kurzbeschreibung

Erkunden Sie offene Fragen zu Ihren Aufgaben und visualisieren Sie die wichtigen Antworten. Vermeiden Sie das verbale Beantworten überflüssiger Rückfragen. Verwenden Sie analoge Informationen und verdecken Sie die Inhalte nicht aktueller Aufgaben.

Ergänzungs- und Kombinationsmöglichkeiten

4, 8, 9, 10, 12, 16, 22

❶ Ziel:

Sie wollen bei detailreichen Anweisungen für neue Aufgaben Missverständnisse, (verbale) Rückfragen und Wiederholungen weitestgehend vermeiden.

❷ Ausgangssituation, Maßnahmen und allgemeiner Nutzen:

Ausgangssituation und Maßnahmen wurden bereits bei Muster 4 beschrieben. Michael Grinder schlägt folgende zusätzliche Verfeinerungen vor:

❶ Erkunden Sie nach dem Erläutern der Aufgabe, ob dazu noch Fragen bestehen. Visualisieren Sie alle aufgrund dieser Fragen erforderlichen wichtigen Zusatzinformationen.

❷ Seien Sie bei trotzdem geäußerten überflüssigen Rückfragen konsequent: Zeigen Sie still auf die visualisierte Aufgabe und vermeiden Sie dabei jeden Blickkontakt.

❸ Verwenden Sie für die rechtshemisphärischen Schüler neben den (digitalen) Texten auch (analoge) Abbildungen Symbole oder reale Gegenstände (z. B. das entsprechende Buch) zum Erläutern.

❹ Sorgen Sie dafür, dass die Schüler den Inhalt der Aufgaben vorher nicht sehen können: Holen Sie die entsprechenden Schilder erst heraus, wenn die Aufgabe behandelt wird, oder hängen Sie die Schilder so auf, das man den Inhalt noch nicht sehen kann.

Auch dieses Muster gilt für alle Ausbilder, Seminarleiter und Trainer: Grundsätzlich sollten sie dafür sorgen, dass immer nur die Aufgabentexte sichtbar sind, die als Einheit bearbeitet werden sollen. In der Praxis wird das meist dadurch erreicht, dass man den Text auf einem Flipchart vorbereitet hat und das Blatt bei Bedarf aufdeckt. Sollten auf einem Flipchart-Blatt mehrere Teilaufgaben stehen, die sinnvoller Weise getrennt ausgegeben werden, können Sie mit einem zweiten Blatt (das Sie z. B. mit Büroklammern befestigen und verschieben können) die noch nicht relevanten Teile abdecken und nach und nach aufdecken.

Ein entsprechendes Verhalten ist auch in allen Verkaufs- und Beratungsgesprächen von Nutzen: Machen Sie sich vorher klar, wann welche Informationen wie vorgelegt werden sollten und sichtbar sind.

22. Anweisung zur Überleitung für Fortgeschrittene

Kurzbeschreibung

Numerieren Sie alle Teilaufgaben durch. Kommunizieren Sie weitestgehend nonverbal, um Rückfragen zu beantworten oder Abgelenkte auf die Arbeit zu konzentrieren.

Ergänzungs- und Kombinationsmöglichkeiten

4, 9, 10, 12, 16, 21

❶ Ziel:

Sie wollen Rückfragen oder Störungen Einzelner ohne Unterbrechung der Arbeitsatmosphäre beantworten bzw. beheben.

❷ Ausgangssituation, Maßnahmen und allgemeiner Nutzen:

Ausgangssituation und Maßnahmen wurden bereits bei Muster 4 beschrieben. Michael Grinder schlägt als weitere Verfeinerung vor, die einzelnen Anweisungen zu numerieren, um den auditiven Kanal weitestgehend zu vermeiden:

❶ Bis zur fünften Klasse funktioniert eine im Unterricht entwickelte Zeichensprache, mit der die Lehrkraft nonverbal fragt „Wo bist Du gerade?“ und die Angesprochenen entsprechend antworten können.

❷ Ab der fünften Klasse wird man den Schüler erst mit Namen anrufen müssen und dann mit einem nonverbalen Symbol nach der Nummer der gerade bearbeiteten Anweisung fragen und die Aufmerksamkeit auf die schriftliche Aufgabe lenken.

Natürlich werden diese Techniken auch in Seminaren und im Training eingesetzt werden können. Grundsätzlich kann man jedoch davon ausgehen, dass sie mehr bei Kindern und Jugendlichen Verwendung finden.

23. Aufrechterhalten der produktiven Atmosphäre: private Stimme

Kurzbeschreibung

Beschreiben Sie möglichst genau Ihr Stimm-Muster, das Sie während der Stillarbeit einsetzen wollen und achten Sie konsequent auf den Einsatz während der Stillarbeit.

Ergänzungs- und Kombinationsmöglichkeiten

12, 24, 28, 29

---

[26] Albert Mehrabian / Susan R. Ferris: Inference of Attitudes from nonverbal Communication in two Channels, Journal of Consulting Psychology, 1967, Vol. 31, No. 3, S. 248 ff.
Dies deckt sich mit der von Michael Grinder in seinem Buch „NLP für Lehrer" (Freiburg 1991) auf S. 25 zitierten Untersuchung der National Education Association: Dort fand man heraus, dass 82% der Kommunikation im Unterricht nonverbal sind. Muss man auch davon ausgehen, dass der tatsächliche verbale bzw. inhaltliche Anteil sehr stark von den Bedingungen einer konkreten Kommunikationssituation abhängt, so bleibt doch festzuhalten: Der Einfluss der nonverbalen Kommunikationselemente dürfte im Normalfall überwiegen.

[27] Vgl. Muster 16, S. 50.

1 Ziel:

Sie wollen die produktive Atmosphäre in der Stillarbeit trotz notwendiger verbaler Interventionen aufrecht erhalten.

2 Ausgangssituation, Maßnahmen und allgemeiner Nutzen:

Wie bereits ausgeführt: Eine Untersuchung an der University of California, Los Angeles, hat ergeben: 7% unserer kommunikativen Wirkung basieren auf dem vermittelten Inhalt, 38% auf unserer Stimme und 55% auf Mimik und Gestik.[26] Diese Tatsache nutzen wir alle bereits mehr oder weniger unbewusst und systematisch aus: Unsere Stimme klingt während der Stillarbeit „privater“ als während des normalen Unterrichts, bei dem sie eine Art „öffentlicher“ Ton annimmt. Und sie klingt bei einer eindringlichen Bitte um Ruhe „öffentlicher“ als bei einem Erkundigen, ob ein Schüler Unterstützung benötigt. Da die Schüler diese Systematik natürlich mit der Zeit verinnerlichen, entstehen natürliche Anker[27]: Das Verwenden eines bestimmten Stimm-Musters induziert eine bestimmte Erwartungshaltung mit darauf basierenden Verhaltensweisen.

Nun lässt sich die Wirkung dieser natürlichen Anker erheblich verstärken, setzt man sie nicht überwiegend unbewusst, sondern sehr systematisch stets in den selben Situationen ein: Die „private“ Stimme bleibt der Stillarbeits-Phase vorhalten - auch wenn es um Disziplinierungen geht. Die „öffentliche“ Stimme wird dagegen grundsätzlich nur im normalen Unterricht eingesetzt. Je konsequenter Sie diese Trennung vornehmen, umso deutlicher ankern die Schüler Ihre private Stimme mit „Jetzt ist Ruhe angesagt - auch bei verbalen Unterbrechungen!“ und verhalten sich entsprechend.

Dieser unbewusste Lernprozess erfolgt auch in relativ kurzen Zeitspannen, also z. B. bei Vorträgen, Ein-Tages-Seminaren und anderen Veranstaltungen von nur wenigen Stunden Dauer. Achten Sie darauf, dass bestimmte Themen stets mit einer ähnlichen Lautstärke und Stimmfärbung vorgetragen werden, dann ankern Ihre Zuhörer Stimme und Thematik. Ohne ein Thema direkt anzusprechen, können Sie es dann durch das Einsetzen des jeweiligen Stimm-Musters indirekt einbringen. Verwenden Sie z. B. beim Vortragen von Vorteilen, Stärken und Chancen stets ein und dieselbe Stimmlage, können Sie damit auch anderen Punkte Ihres Vortrags einen positiven Charakter verleihen.

24. Aufrechterhalten der produktiven Atmosphäre: Geschwindigkeit beim Gehen

Kurzbeschreibung

Legen Sie möglichst genau die Geschwindigkeit und Ihre Körperhaltung fest, mit der Sie während der Stillarbeit durch den Raum gehen wollen und achten Sie konsequent auf das Einhalten während der Stillarbeit.

Ergänzungs- und Kombinationsmöglichkeiten

5, 23, 25

[28] *Eine zusätzliche Möglichkeit besteht darin, während der Einzel- oder Teamarbeit stets dieselbe Musik mit gedämpfter Lautstärke im Hintergrund spielen zu lassen.*

1 Ziel:

Sie wollen die produktive Atmosphäre in der Stillarbeit trotz notwendiger nonverbaler Aktivitäten aufrecht erhalten.

2 Ausgangssituation, Maßnahmen und allgemeiner Nutzen:

Da - wie bei Muster 23 nochmals ausgeführt - unsere körperlichen Bewegungen 55% der kommunikativen Wirkung ausmachen, kann man natürlich auch diese systematisch einsetzen, um die während der Stillarbeit erwünschte Grundeinstellung zu verstärken.

Achten Sie bewusst darauf, sich in dieser Phase stets deutlich langsamer als üblich durch das Klassenzimmer zu bewegen, ankern das die Schüler mit der Erwartungshaltung „Jetzt ist Ruhe angesagt - auch wenn die Lehrkraft sich etwas unruhig verhält!“ und zeigen das entsprechende Verhalten.

Grundsätzlich gilt dieser Hinweis auch für Ausbilder, Seminarleiter und Trainer: Legen Sie bei Einzel- oder Teamarbeiten ein gemäßigteres Verhalten an den Tag als in den übrigen Phasen des Seminars. Sie können sogar nach einer Weile den Raum für eine gewisse Zeit verlassen um der Gruppe bzw. den Teams zu signalisieren: Jetzt seid ihr gefordert.[28]

25. Aufrechterhalten der produktiven Atmosphäre: mindestens 5 Sekunden Pause

Kurzbeschreibung

Machen Sie nach jedem Einsatz der öffentlichen Stimme eine Pause von 5 bis 20 Sekunden. Atmen Sie gut durch und vermeiden Sie Blickkontakt. Pause und Durchatmen erfolgt auch nach jedem zweiten oder dritten Hilfseinsatz bei einem Schüler. Hier blicken Sie allerdings langsam einmal durch die gesamte Klasse.

Ergänzungs- und Kombinationsmöglichkeiten

1, 13, 24

❶ Ziel:

Sie wollen die produktive Atmosphäre in der Stillarbeit trotz erfolgter Interventionen sicherstellen.

❷ Ausgangssituation, Maßnahmen und allgemeiner Nutzen:

Auch während der Stillarbeit gibt es manchmal Phasen, in denen man seine öffentliche Stimme einsetzen oder sich mit den Fragen verschiedener Schüler befassen muss. Dies stört zwangsläufig die produktive Atmosphäre. Michael Grinder empfiehlt daher die Zahl der Pausen deutlich zu erhöhen, da sie das wichtigste nonverbale Signal sind. Er gibt zum Wiederherstellen der Arbeitsatmosphäre folgende Faustregeln:

❶ Nach jedem Einsatz der öffentlichen Stimme sollte man für 20 Sekunden, mindestens jedoch für 5 Sekunden eine Pause machen. Atmen Sie dabei gut durch und vermeiden Sie Blickkontakt. Diese Pause signalisiert deutlich eine Trennung von dieser Ausnahmesituation und nivelliert die Lautstärke wieder auf dem niedrigen Niveau.

❷ Nach jedem zweiten oder dritten Hilfseinsatz bei einem Schüler bleibt man stehen, macht eine Pause von 5 bis 20 Sekunden, atmet dabei ruhig und locker durch und schaut langsam einmal durch die gesamte Klasse.

Grundsätzlich gilt wie bei den beiden vorangegangenen Mustern: Diese Hinweise helfen auch Ausbildern, Seminarleitern und Trainern, wenn Einzel- oder Teamarbeit anliegt.

26. Mit Macht zum Einfluss

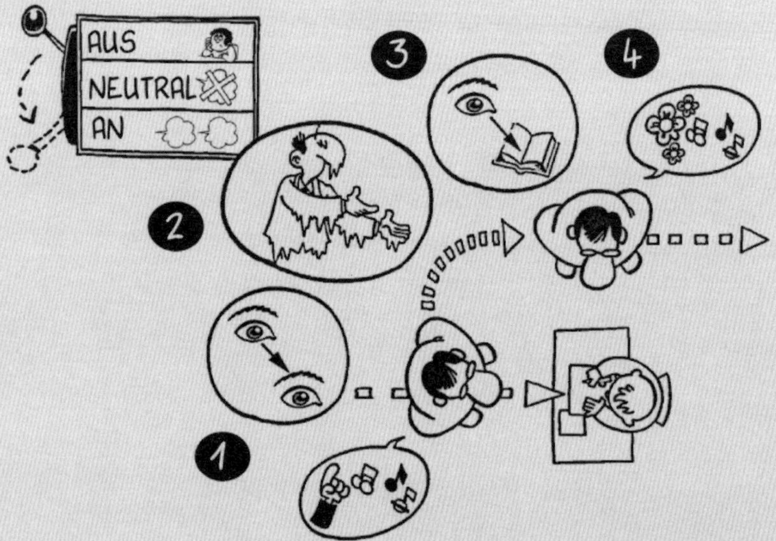

Kurzbeschreibung

Setzen Sie bei einem Problemschüler zunächst den Macht-Ansatz ein. Sobald dieser im neutralen Zustand ist, wechseln Sie zum Einfluss-Ansatz.

Ergänzungs- und Kombinationsmöglichkeiten

6, 7, 13, 27

[29] Die Bezeichnung „Mit Macht zum Einfluss" beschreibt nach meiner Auffassung die Funktion des Musters vielleicht besser als der von Michael Grinder gewählte Titel „Überblick: Von Macht zu Einfluss."

[30] Vgl. dazu auch die Ausführungen zu Muster 7, S. 32.

[31] Vgl. dazu die Ausführungen zu Muster 6 auf S. 30.

[32] Der eben angesprochene Trainer entspricht daher zwar der Erwartungshaltung bzw. dem Menschenbild seines Auftraggebers. Ob die von ihm trainierten Mitarbeiter dadurch den Stoff effizienter lernen und in der Praxis einsetzen ist jedoch eine ganz andere Frage.

1 Ziel:

Sie wollen einen Problemschüler durch einen kurzfristigen Einsatz von Macht aufnahmebereit für den Einsatz von Einfluss machen.[29]

2 Ausgangssituation, Maßnahmen und allgemeiner Nutzen:

In jeder Klasse finden sich Schüler und Schülerinnen, auf die - aus welchen Gründen auch immer - der Einfluss-Ansatz momentan oder grundsätzlich nicht wirkt.[30] In diesen Fällen ist es durchaus gerechtfertigt, kurzfristig den Macht-Ansatz zu verwenden:

Sie gehen zunächst von vorn auf den Schüler zu, der im AUS-Zustand ist, stellen sich dicht vor ihn, nehmen Blickkontakt auf, atmen hoch und flach und kommunizieren verbal mit öffentlicher oder sogar lauter Stimme.

Sobald Sie die Aufmerksamkeit des Schülers besitzen und er im NEUTRAL-Zustand ist[31], wechseln Sie zum Einfluss-Ansatz: Sie gehen etwas von ihm weg, stellen sich an seine Seite, sehen die Arbeit des Schülers an, atmen ruhig und sprechen nicht oder nur im Flüsterton.

Sie warten, bis er im AN-Zustand ist.

Der Einsatz dieses Musters außerhalb von Klassenzimmern hängt von mindestens von zwei Faktoren ab: vom Selbstverständnis des Trainers und vom Alter der Teilnehmenden. Es gibt z. B. in Deutschland einen Trainer, der die direkte Konfrontation mit erwachsenen Teilnehmenden zum Wahrzeichen seiner Seminare gemacht hat. Diese Art von Seminarleitbild stößt jedoch bei den meisten auf Ablehnung - sowohl bei Trainern wie auch bei Teilnehmenden. Denn mit wachsendem Alter der Teilnehmenden wird der Einsatz von Macht als nicht stilgemäß eingestuft. Ganz abgesehen davon widerspricht ein derartiges Verhalten ohne anschließenden Wechsel zum Einfluss-Ansatz wichtigen Erkenntnissen der Lernpsychologie.[32]

27. AUS/NEUTRAL/AN: Verfeinerungen

Kurzbeschreibung

Teilen Sie Ihre Schüler der H-, H&D- sowie D-Gruppe zu und setzen Sie je nach vorhandener Zeit Ihre Prioritäten beim Helfen und Disziplinieren. Nachdem Sie mit einzelnen Schülern Kontakt hatten und diese an ihrer Arbeit sind, entfernen Sie sich so, dass Ihr Abgang nicht beobachtet werden kann.

Ergänzungs- und Kombinationsmöglichkeiten

6, 7, 26

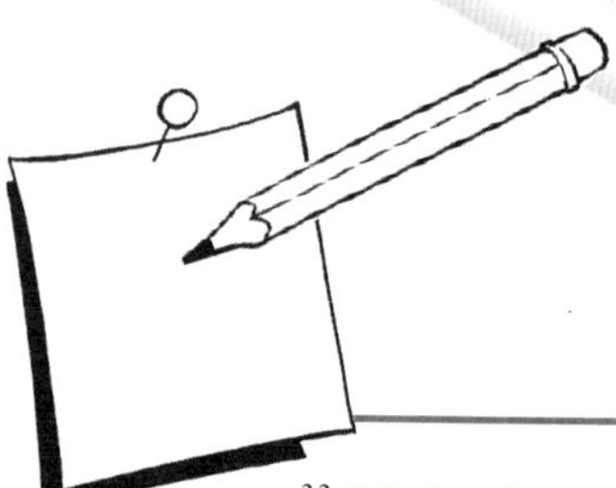

[33] Michael Grinder bezeichnet diese Technik als Punkt-zu-Punkt-Methode. Er verwendet den Begriff aber nur im Sinne eines (zu vermeidenden) Negativ-Beispiels. Ziel ist jedoch nicht das Vermeiden, sondern ein Optimieren der Punkt-zu-Punkt-Methode: Wir müssen die Zahl der „Punkte“ unter Berücksichtigung der jeweiligen Situation verringern.

[34] Auch hierzu hat Michael Grinder eine Vielzahl von Techniken entwickelt, die einzig und allein das Ziel haben, die Gruppendynamik zu erhalten. Diese können hier jedoch nicht behandelt werden.

❶ Ziel:

Sie wollen an hektischen Tagen eine möglichst große Zahl von Schülern in einem produktiven Zustand halten.

❷ Ausgangssituation, Maßnahmen und allgemeiner Nutzen:

An hektischen Tagen besteht die große Gefahr, dass Lehrkräfte nur noch auf Störungen reagieren und nicht mehr proaktiv tätig sind. Dies ist u.a. daran zu erkennen, dass der Unterrichtsprozess hauptsächlich von den sich meldenden oder störenden Schülern und weniger von der Lehrkraft beeinflusst zu werden scheint. In solchen Situationen gibt es zwei Auswege: Der erste ist das - von der Schulleitung und den Schulbehörden oft nicht akzeptierte - Setzen von Prioritäten. Wie aber Michael Grinder zutreffend bemerkt: Als Pädagogen haben wir nur begrenzte Zeit und Energie in der Stillarbeit. Der zweite Ausweg hat das Ziel, aus Zeitgründen den Einzelkontakt mit einem Problemschüler auf das unbedingt erforderliche Minimum zu begrenzen.

❶ Um *das Setzen von Prioritäten* zu erleichtern schlägt er vor, die Schüler in drei Gruppen auf zuteilen:

In der *H-Gruppe* sind Schüler und Schülerinnen, denen man im Einzelkontakt helfen kann. Das sind meist diejenigen, denen man auch gern helfen möchte und denen man sich deshalb bevorzugt zuwendet.

In der *H&D-Gruppe* sind diejenigen, denen man hilft und die diszipliniert werden müssen.

In der *D-Gruppe* schließlich sind alle, mit denen man nur Kontakt hat, um sie zu disziplinieren.

Damit Sie nicht wie der Hase in der Geschichte vom Hasen und dem Igel wirken, sollten Sie sich an den stürmischen Ausnahmetagen auf die folgenden Schüler konzentrieren: Sie helfen allen aus der H- und H&D-Gruppe, disziplinieren diejenigen aus der D-Gruppe, die andere stören, und überlassen bei Zeitknappheit die friedlichen D-Gruppen-Mitglieder sich selbst.[33]

❷ Zum Begrenzen des persönlichen Kontaktes während der Stilarbeit ist der „*Abgang in zwei Stufen*" zu empfehlen: Mit den Mustern 6, 7 oder 26 hat man einen Schüler in den AN-Zustand bekommen. Jetzt muss man sich jedoch so entfernen, dass auch er im AN-Zustand bleibt:

Stufe 1: Nachdem der Schüler mindestens zweimal ein- und ausgeatmet hat, stellen Sie sich neben ihn und blicken auf seine Arbeit. (Bei Muster 26 ist dies bereits erfolgt.)

Stufe 2: Sie treten langsam so vom Schüler zurück, dass er Sie nicht mehr sehen kann - weder direkt noch peripher. Passen Sie dabei auf, dass er an seiner Arbeit bleibt. Dann entfernen Sie sich leise und langsam.

Das hier geschilderte Grundproblem tritt selbstverständlich nicht nur in Klassenzimmern auf. Im Gegensatz zu Lehrkräften haben es Seminarleiter und Trainer jedoch einfacher beim Setzen von Prioritäten: Sie haben es mit Erwachsenen zu tun, die selbst darüber entscheiden, ob sie sich beteiligen oder nicht. Allerdings hat diese Medaille auch eine Kehrseite: Teilnehmende aus der H-Gruppe können verkappte Störenfriede sein, die mit ihren Fragen eine Gruppe sprengen können. Dasselbe trifft auf alle Mitglieder der D-Gruppe zu: Bereits ein offensichtliches Ausklinken Einzelner kann die Gruppendynamik negativ beeinflussen, ganz zu schweigen von öffentlichen Störern. In allen diesen Fällen sind die beiden hier behandelten genannten Auswege kaum einzusetzen.[34]

28. Positive Verstärkung: Einzelkontakt

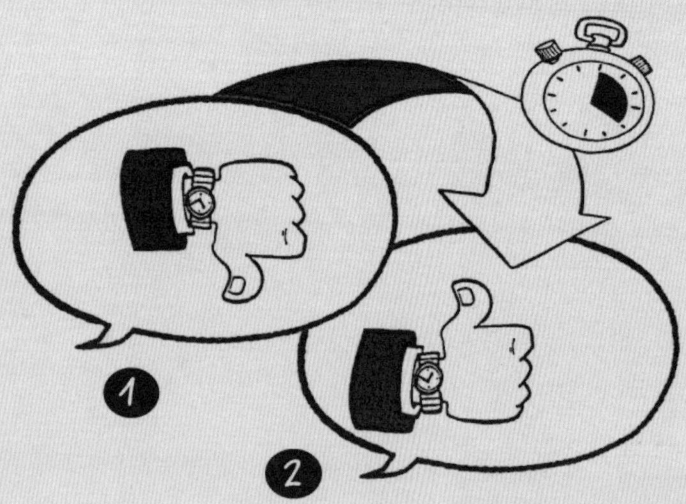

Kurzbeschreibung

Setzen Sie bei schwierigen Schülern alle 20 bis 25 Sekunden ein verbales oder nonverbales Lob oder eine entsprechende Bestätigung ein. Falls Sie zu einer Disziplinierung greifen müssen, sollte ebenfalls nach 20 bis 25 Sekunden ein Lob oder eine Bestätigung erfolgen.

Ergänzungs- und Kombinationsmöglichkeiten

11, 16, 23

1 Ziel:

Sie wollen mit Hilfe positiver Verstärkungen bei einzelnen Schülern bzw. Schülerinnen eine produktive Arbeitshaltung schaffen bzw. erhalten.

2 Ausgangssituation, Maßnahmen und allgemeiner Nutzen:

Lobende Bemerkungen sorgen nicht nur bei den Gelobten für eine bessere Lernatmosphäre, sie verbessern auch das Energieniveau und das Selbstbild des lobenden Lehrers.

Leider setzen jedoch viele das Lob nicht häufig genug ein und vergessen auch, auf eine negative Interaktion (Disziplinierung) recht bald eine positive Interaktion (Lob) folgen zu lassen.

Man sollte es sich daher auch im Interesse des eigenen Zustands zur Regel machen, auf jede Disziplinierung innerhalb von 25 Sekunden ein Lob folgen zu lassen. Und anstelle einer regelmäßiger Disziplinierung unruhiger Schüler kann man diese auch durch regelmäßiges Loben im Abstand von 20 bis 25 Sekunden zur Arbeit anhalten. Dieses Lob kann verbal erfolgen, durch ein visuelles Zeichen oder eine Berührung ausgesprochen werden. (Auf die mit verbalem Lob zusammenhängende Problematik gehen wir im nächsten Muster ein.)

Da das öffentliche Verteilen und Annehmen von Lob mit steigendem Alter auf zunehmende Schwierigkeiten stößt, sollte man im Rahmen der Erwachsenenbildung mit dem Verteilen von Lob an Einzelne sehr vorsichtig sein. Trotzdem lässt sich auch dort sagen: Loben bzw. das Stärken des Selbstvertrauens ist eins der wichtigsten Mittel zum Steigern des Lernerfolgs.

29. Positive Verstärkung: Gruppenfeedback

Kurzbeschreibung

Installieren Sie ein nonverbales Signale, mit dessen Hilfe Sie der Gruppe signalisieren können, wie Sie den derzeitigen Zustand der Arbeitsatmosphäre einschätzen.

Ergänzungs- und Kombinationsmöglichkeiten

12, 16, 23

[35] Vgl. dazu die Ausführungen auf S. 12.

❶ Ziel:

Sie wollen mit Hilfe positiver Verstärkungen bei der Gruppe eine produktive Arbeitshaltung schaffen bzw. erhalten.

❷ Ausgangssituation, Maßnahmen und allgemeiner Nutzen:

Wir haben soeben gesehen: Verbales Einzellob ist in bestimmten Fällen wichtig und besitzt viele Vorteile. Jeder direkte und verbale Ansatz - unabhängig davon, ob mit positiver oder negativer Absicht - kann aber auch als Machtansatz bezeichnet werden. Dies bedeutet nach Michael Grinder: Die Lehrkraft übt die Rolle eines Verkehrspolizisten aus, die Schüler sind nicht entspannt und man betont die Fremdmotivation anstelle der Eigenmotivation.

Um dasselbe Ergebnis mit Hilfe des Einflussansatzes zu erreichen ist gemäß unserer früheren Ausführungen folgende Änderung erforderlich: Die Lehrkraft muss ein nonverbales und indirektes bzw. gruppenbezogenes Signal senden.[35] Michael Grinder gibt drei Beispiele, die allerdings nur bis zum vierten Schuljahr funktionieren:

❶ Das Installieren einer Art Ampel: Grünes Licht bedeutet, die Klasse arbeitet gut. Gelbes Licht bedeutet, die Klasse beginnt, sich unangemessen zu verhalten. Die Bedeutung des roten Lichts bleibt bewusst offen. Die „Erfinderin“ dieses Signals berichtet: In neun von zehn Fällen geht die Klasse beim Einschalten des gelben Lichts sofort zum angemessenen Verhalten über.

❷ Eine andere Lehrkraft verwendet einen Halbkreis mit vier Segmenten in verschiedenen Farben: Grün = super, Grün-Gelb = nachlassend, Gelb = Vorsicht, Rot = Strafe.

❸ Eine Lehrerin setzt fünf neben die Tafel geklebte Karten ein. Gemeinsam bilden diese Karten das Wort PAUSE. Beginnt sich das Verhalten der Klasse ins Negative zu ändern, wird die letzte Karte weggenommen. Bleibt es bei dieser Entwicklung, dann bedeutet jede weitere weggenommene Karte den Verlust von einer Minute der Pause.

Grundsätzlich kann man sagen: Diese drei Techniken arbeiten proaktiv. Sie zeigen deutlich den augenblicklichen atmosphärischen Zustand sowie das, was folgt, bleibt man bei dem kritisierten Verhalten.

Bei älteren Schülern und Erwachsenen wird man auf die verbale Ebene wechseln müssen, man sollte allerdings die indirekte Ansprache (an die gesamte Gruppe) beibehalten.

30. Eins, zwei, drei – dann ist der Lehrer frei

Kurzbeschreibung

Formulieren Sie drei Punkte, die ein Schüler tun muss, ehe er sich während der Stillarbeit mit einer Frage an Sie wenden kann. Entwickeln Sie für sich und die Schüler nonverbale Signale, um sicher zu stellen, dass Sie nur zu denjenigen gehen, die diese drei Punkte tatsächlich absolviert haben.

Ergänzungs- und Kombinationsmöglichkeiten

12, 16, 23

❶ Ziel:

Sie wollen mit Hilfe einer visuellen Instruktion Selbständigkeit während der Stillarbeit erreichen und Rückfragen auf ein Mindestmaß reduzieren.

❷ Ausgangssituation, Maßnahmen und allgemeiner Nutzen:

Für Schüler besteht die einfachste Möglichkeit, offene Fragen während der Stillarbeit beantwortet zu bekommen, im Heben des Fingers bzw. im Anfordern von Hilfe durch den Lehrer.

Um derartige Rückfragen auf das unumgängliche Mindestmaß zu reduzieren, kann man im Klassenraum ein Poster aufhängen mit der Überschrift „1, 2, 3 - dann ist der Lehrer frei". Auf diesem Poster stehen drei Punkte, die die Schüler erst tun müssen, ehe sie die Lehrkraft um Hilfe bitten. Michael Grinder schlägt z. B. vor:

❶ [1] Prüfe, was an der Tafel steht. [2] Prüfe, was Du selbst behalten hast. [3] Prüfe, was Dein Nachbar behalten hat.

❷ [1] Schau auf das Aufgabenblatt. [2] Erinnere Dich, was gesagt wurde. [3] Frag einen Tischnachbarn.

Außerdem sollten Sie ein oder zwei nonverbale Signale einführen. Mir dem einen fragen Sie den Schüler, ob er die drei Punkte auf dem Poster bereits getan hat. Mit dem anderen signalisiert der Schüler, dass er die drei Punkte bereits ausgeführt hat, aber immer noch keine Antwort weiß.

Dass Michael Grinder dieses Muster auf die unteren fünf Klassen beschränkt, weist bereits darauf hin: Ohne weiteres lässt es sich nicht auf andere Schul-, Ausbildungs- oder Trainingssituationen übertragen. Das hat zum großen Teil damit zu tun, dass die drei Fragen auf dem Poster in den unteren Klassen für fast alle Aufgaben gelten. Je komplexer die Aufgaben aber werden, umso gezielter müssen Lehrer, Ausbilder oder Trainer die Punkte formulieren, die man vor dem Einfordern von Hilfe zu durchlaufen hat. In solchen Fällen kann man sie gleich als Bestandteil der Aufgabe ausgeben.

31. Phantomhand

Kurzbeschreibung

Berühren Sie mit Ihrer Hand einen Schüler, um ihm Aufmunterung oder Bestätigung zu geben. Erhöhen Sie zunächst langsam den Druck. Nehmen Sie dann den Druck langsam wieder zurück, heben Sie die Hand vorsichtig ab und entfernen Sie sich so, dass der Schüler dies nicht beobachten kann.

Ergänzungs- und Kombinationsmöglichkeiten

6, 7, 11

❶ Ziel:

Sie wollen den Eindruck körperlicher Anwesenheit hervorrufen, der auch nach Ihrem Fortgehen von einem Schüler wirkt.

❷ Ausgangssituation, Maßnahmen und allgemeiner Nutzen:

Nicht nur kinästhetische Schüler, aber diese vor allem, legen Wert auf die helfende oder bestätigende Anwesenheit des Lehrers während der Stillarbeit. Da sich dieser jedoch nicht nur mit einem Schüler befassen kann, wäre eine Technik ideal, die den Eindruck der körperlichen Anwesenheit noch über das Verlassen hinaus eine Weile aufrecht erhalten kann. Diese Technik ist die sogenannte Phantomhand.

Die Phantomhand basiert auf dem natürlichen Prozess, dass sich bei längeren Berührungen - z. B. mit der Handfläche - die Körpertemperatur an der berührten Stelle verändert. Nimmt man die Hand weg, bleibt die Temperatur noch eine Weile erhöht. Geschieht das Wegnehmen der Hand sehr vorsichtig und ohne, dass es bemerkt wird, hat der Berührte noch eine Weile den Eindruck einer aufliegenden Hand.

Ehe dieser Prozess näher beschrieben wird, muss auf zwei wichtige Punkte hingewiesen werden: Die Phantomhand setzt voraus, dass Sie Erlaubnis für eine derartige Berührung bei einem Schüler oder einer Schülerin besitzen. Diese Erlaubnis ist eine Frage der jeweiligen Kultur in Klasse und Gesellschaft, sie ist geschlechtsabhängig und nimmt außerdem mit zunehmenden Alter der Berührten ab. Außerdem sollten Sie die Phantomhand unbedingt vorher außerhalb des Klassenzimmers üben, z. B. zu Hause mit Ihrem Partner oder in der Schule mit Kollegen. Dabei gehen Sie folgendermaßen vor:

❶ Ihre Hand liegt mit leicht gespreizten Fingern auf einem geeigneten Körperteil des Berührten. Das wird meist die Schulter sein. Bitten Sie Ihren Rollenspielpartner, sich leicht zu bewegen, damit Sie auch üben können, sich diesen Bewegungen fließend anzupassen. Dabei schauen Sie auf die (imaginäre) Arbeit Ihres „Schülers“ und sagen nichts.

❷ Sie verstärken den Druck zunächst nur ein wenig, achten aber dabei auf folgendes: Sie drücken gleichmäßig mit der gesamten aufliegenden Handfläche (also nicht etwa mit den Fingerkuppen etwas heftiger). Und dieser Druck muss für den Berührten stets angenehm bleiben.

❸ Verstärken Sie dann den Druck noch etwas. Es muss jedoch nach wie vor für Ihren Schüler angenehm sein und Sie müssen seinen eventuellen Bewegungen noch folgen können.

❹ Jetzt vermindern Sie den Druck nach und nach. Achten Sie dabei darauf, dass mit Ausnahme von Hand und Arm der gesamte übrige Körper möglichst unbeweglich ist. Dieses Druckreduzieren geschieht in drei Stufen:

[1] Sie nehmen sich 5 Sekunden Zeit, um den in Stufe ❸ aufgebauten Druck wieder auf den ursprünglichen Druck von Stufe ❷ zu reduzieren.

[2] Sie reduzieren diesen Druck in weiteren 5 Sekunden auf die einfache Berührung von Stufe ❶.

[3] In nochmals 5 Sekunden reduzieren Sie diese Berührung soweit, dass Sie kurz vor dem Abheben Ihrer Hand sind.

31. Phantomhand

5. Jetzt heben Sie Ihre Hand ganz ab:

   [1] Sie lassen sich weitere 5 Sekunden Zeit, um Ihre Hand knapp 1 cm über den Körper Ihres Schülers zu heben.

   [2] Sie lassen sich weitere 5 Sekunden Zeit, um Ihre Hand rund 30 cm über den Körper Ihres Schülers zu heben.

   [3] In den nächsten 5 Sekunden nehmen Sie Ihre Hand ganz vom Körper des Schülers weg.

6. Entfernen Sie sich langsam vom Schüler und achten Sie darauf, dass er Sie dabei nicht beobachten kann.

Berührungen dieser Art sind in unserer Kultur nur in bestimmten Kontexten bzw. Situationen erlaubt - man kann hinzufügen: leider. Denn grundsätzlich reagieren fast alle Menschen positiv auf die dadurch ausgelösten Empfindungen. Daher bleibt die Anwendung der Phantomhand normalerweise begrenzt auf die unteren Klassen in der Schule, auf die Familie und auf Situationen im Bereich des Gesundheitswesens. Ich selbst habe sie beim Zubett-Bringen meiner zwei jüngsten Kinder einsetzen können: Die Phantomhand sorgt dafür, dass Papa auch noch da ist, wenn er bereits das Kinderzimmer verlassen hat. Und meine Frau hat die Phantomhand mit großem Erfolg in ihren Seminaren für Hebammen vermitteln können: In extremen Situationen während der Geburt sind deren Patienten dankbar für jedes körperliche Signal, das Hilfe bzw. Hilfsbereitschaft signalisiert. Und Hebammen und Krankenschwestern haben dasselbe Problem wie Lehrer: Ihre Anwesenheit ist überall gefragt

E. Für Neugierige

Haben Sie Fragen, Ergänzungs- oder Verbesserungsvorschläge? Wir sind gern für Sie da:

FOCUS MARKETING und mehr GmbH
Norderstraße 4
24939 Flensburg
Telefon 0461 - 14 14 80
Telefax 0461 - 14 14 8 14
e-mail: focus-flensburg@t-online.de

Gern informieren wir Sie auch über Seminare zum Thema ENVoY-Muster sowohl von uns als auch von Michael Grinder und anderen Trainern aus dem deutschen Sprachraum.

Und sollten Sie derartige Seminare durchführen, lassen Sie es uns wissen: Wir geben Ihre Adresse nicht nur weiter, wir legen sie auch diesem Trainingsset bei.

Nur so kommen wir unserem Ziel näher, dass der Unterricht an unseren Schulen und darüber hinaus effizienter und effektiver wird zum Nutzen aller Lehrenden und Lernenden.

In eigener Sache:

Zum Abschluss noch ein Hinweis: Wir sind in Deutschland die Spezialisten für die Methoden und Techniken des aktivierenden Lernens. Unter dem Begriff aktivierendes Lernen (engl.: accelerated learning) befasst man sich seit gut 15 Jahren weltweit mit der Frage: Wie nutzen wir praktisch die Erkenntnisse über wirksames Lernen und Lehren? Die Kernpunkte:

1. Aktivierendes Lernen ist ausgerichtet auf Nützlichkeit. Auch ältere Forschungsergebnisse sind willkommen, sofern sie unsere Lern- und Denkfähigkeiten steigern können.

2. Aktivierendes Lernen ist aber auch offen für neue Ergebnisse aus der Gehirnforschung und beinhaltet die permanente Bereitschaft, zu korrigieren und zu ergänzen.

3. Aktivierendes Lernen entwickelt Methoden für Menschen in klassischen Lern- und Entwicklungs-Situationen.

4. Aktivierendes Lernen regt an, tatsächlich etwas zu tun. Deutliche Verbesserungen sind wichtiger als Perfektion.

Auf den Punkt gebracht: Aktivierendes Lernen ist eine Mischung aus Erich Kästners: „Es gibt nichts Gutes, außer man tut es“ und Albert Einsteins: „Man soll alles einfach machen, aber nichts einfacher“.

1997 entwickelten Colin Rose (ein international renommierter Experte und einer der Väter des aktivierenden Lernens) und Malcolm J. Nicholl in einem internationalen Bestseller den M•A•S•T•E•R-Plan, eine klare und flexible Struktur für „master“-haftes Lernen in allen Kontexten. (Das Buch heißt auf Deutsch *„Der totale Lernerfolg”* und ist im mvg-Verlag erschienen.) Die Autoren erkannten: Zum gründlichen und nachhaltigen Lernen gehören sechs Elemente

M*entale Vorbereitung,*

A*ufnahme der Lerninhalte,*

S*uche von Sinn, Bedeutung,*

T*reibstoff fürs Gehirn,*

E*insatz des Gelernten,*

R*eflektion übers Lernen.*

Wie bei einem Safe-Schloss öffnet die jeweils richtige Kombination dieser Elemente den Zugang zum vollen Lernpotential - selbst bei schwierigen Lernaufgaben und heterogenen Gruppen. Man kann daher mit dem M•A•S•T•E•R-Plan zuverlässig

❶ das *Lernen von Individuen* (also auch für sich selbst) optimal gestalten und bewältigen,

❷ *Lernziele mit Klassen und anderen Gruppen* schnell und langfristig wirksam erreichen und

❸ *lernende Organisationen* dauerhaft implementieren.

Für alle drei Lernaufgaben bieten wir konkrete und wirksame Lösungen mit aktivierendem Lernen. Eine dieser Lösungen ist das Trainigs- und Entwicklungsprogramm TEP:

Das TEP Trainings- und Entwicklungsprogramm wurde für alle entwickelt, die lehren, trainieren und ausbilden, Seminare entwickeln und leiten. Für Menschen mit hohem Anspruch an sich, weil sie hohe Ansprüche anderer erfüllen wollen. Sie alle wissen: Heute genügt es nicht, ein Meister des „Was" zu sein; man muss auch das „Wie" beherrschen. Denn man legt zunehmend Wert auf *spürbare und lang fristige Trainingserfolge*.

TEP setzt die wichtigsten Forschungsergebnisse der Lernpsychologie praktisch um. Dies öffnet neue Zugänge für die Aus- und Weiterbildung. Die Lern- und Trainingseffizienz steigt drastisch.

Im Herbst 1998 endete z. B. ein einjähriger Versuch im Auftrag des englischen Erziehungsministeriums erfolgreich, bei der es um die Wirksamkeit der Lehr- und Lerntechniken des aktivierenden Lernens in einer Education Action Zone in einem Problemstadtteil Londons ging. Die Ergebnisse der begleitenden wissenschaftlichen Studie unterstreichen die praktischen Erfolge an den Schulen und in den Familien.

Falls Sie Interesse am aktivierenden Lernen haben: Mit dem anhängenden Antwortschein können Sie per Post oder Fax weitere Informationen anfordern.

Den Antwortcoupon finden Sie auf der nächsten Seite

RAUM FÜR NOTIZEN

Antwortcoupon

(Im Fensterumschlag oder per Fax absenden)

Antwort

FOCUS MARKETING und mehr GmbH
Norderstraße 4
D - 24937 Flensburg

[ ] Ich bestelle weitere ______ Sätze **ENVoY-Trainingskarten** à DM 69,50.

[ ] Ich bestelle ___ Exemplare von **Michael Grinders Buch** „Ohne viele Worte" à DM 49,80.

[ ] Ich interessiere mich für Sonderkonditionen bei **Großbestellungen**, z. B. für rund ______ Kartensätze.

[ ] Mich interessieren **Seminare** zu den ENVoY-Mustern Michael Grinders.

[ ] Ich veranstalte bereits **Seminare für Lehrkräfte** über die ENVoY-Muster Michael Grinders. Leiten Sie meine Adresse an interessierte Teilnehmer weiter.

[ ] Informieren Sie mich über Ihre **Trainingskarten mit anderen nonverbalen Verhaltensmustern** für folgende Einsatzgebiete/Aufgaben:

____

[ ]Ich möchte gern mehr über **aktivierendes Lernen** wissen. Senden Sie mir Ihre Informations- Unterlagen.

[ ]Ich bestelle ___ Exemplare des **Buches von Colin Rose und Malcolm J. Nicholl** „Der totale Lernerfolg" à DM 49,80

Preise inkl. MwSt., zzgl. Porto/Verpackung

[ ]Ich zahle per Rechnung

[ ]Ich zahle per ❑ Master Card ❑ Visa

Kartennummer: __________________

Gültig bis: ______________________

Name: ____

Straße: ____

PLZ/Ort: ____

Tel/Fax/e-mail:____

____

(Ort/Datum/Unterschrift)